这个世界，偏爱会写作的人

商业写作技巧

曾小亮 著

机械工业出版社

本书是一本面向热门商业写作市场的写作指南。除了讲述新媒体写作、软文文案写作技巧外，书中还重点解析了采访写作、影视小说写作的规律和要领。作者在书中分享自己在写作圈内积累多年的宝贵经验，相信你只要跟着本书所讲的内容去实践，一定可以少走很多弯路，你的命运也许将得以改变。

图书在版编目（CIP）数据

这个世界，偏爱会写作的人：商业写作技巧／曾小亮著.
—北京：机械工业出版社，2020.10
ISBN 978-7-111-66412-3

Ⅰ.①这… Ⅱ.①曾… Ⅲ.①商务-应用文-写作 Ⅳ.①F7

中国版本图书馆 CIP 数据核字（2020）第 160827 号

机械工业出版社（北京市百万庄大街22号 邮政编码100037）
策划编辑：仇俊霞　　责任编辑：仇俊霞
责任校对：梁　倩　　封面设计：钟　达
责任印制：孙　炜
北京联兴盛业印刷股份有限公司印刷
2020年10月第1版第1次印刷
145mm×210mm · 9印张 · 2插页 · 162千字
标准书号：ISBN 978-7-111-66412-3
定价：59.80元

电话服务　　　　　　　网络服务
客服电话：010-88361066　机 工 官 网：www.cmpbook.com
　　　　　010-88379833　机 工 官 博：weibo.com/cmp1952
　　　　　010-68326294　金 书 网：www.golden-book.com
封底无防伪标均为盗版　机工教育服务网：www.cmpedu.com

推荐语

小亮是我见过的最勤奋的写作者之一。二十年前我在《时代姐妹》杂志做总编时,他就是我的得力作者,几乎每期都有他的大作见刊。当时的期刊界盛传"南有罗西,北有曾子",可以想象他的发稿是一个什么样的数量和密度。现在,他将自己二十年的写作实战技巧在这本书里倾囊相授,绝对值得想学习写作的朋友一读。

——芳子(原《时代姐妹》杂志总编,情感作家)

高效写作是可以训练出来的吗?如何可以随时随地开始写作?如何将业余写作提升到职业化式写作,同时可以通过写作谋生?认识小亮很多年了,知道他一直是一个高产作家,通过写作在房价高昂的北京,还有武汉都购置了房产。相信读完这本书,你也可以像他一样,"写作致富"哦。

——沈嘉柯(国内知名青春作家,代表作有《你配得上更好的人生》《平行塔》)

在我担任多家媒体的主编、编辑时,这位老友绝对是我最得力的王牌作者之一。我谋职到哪家媒体,就将他的文字同时也带到哪里。而且,他说什么时候交稿,就绝不拖稿,写作速度快,文字质量高。由他来写一本教大家如何写作时下最热门的几种文体的书,最合适不过了。这本书,绝对值得期待。

——楚姜(知名作家、编剧,代表作有《又见废都》)

写作需要技巧,而技巧熟练掌握了,就没有技巧了——这是一个写作者需要追求的最高境界。这本书就能带你踏上这样高层次的台阶。我和小亮是老朋友,无论在编剧界还是其他写作圈,他绝对算是写作圈的"斜杠青年",可以横跨多个领域的写作。相信我,读完这本书,你一定会受益终生。

——刘岚(知名编剧,代表作有《楚汉风云》《探长欧光慈》)

在我的写作好友圈里,小亮的勤奋有目共睹。从写作流行报刊的时代,到新媒体写作的时代,他总是与潮流为伍。写作者分两种:一种是坚持自我式写作,一种是面向市场写作。小亮在两者之间巧妙平衡的经验,值得更多想在写作路上有所突破的写作者学习。

——林夕(知名作家、编剧,代表作有《背后阳谋》)

小亮是我在鲁迅文学院时的校友,是同学们中最勤奋的作家之一,笔耕不辍,且才华横溢。新冠肺炎疫情期间别人因隔离无聊至极,小亮在隔离期间又创作出一本新书。喜欢写作的朋友可以像他一样,通过写作升级个人影响力,打造个人 IP。

——王梅(知名作家、编剧,代表作有《青春通行证》《阳光女孩》)

序 言

当我动了写作这本书的念头时,我知道自己也面临着一些新的挑战。

虽然我已经写作了二十多年,也出版了十几本书,但是在写这本书时,我依然战战兢兢,总在思考:

如何写得更好?

如何写出独特性?

如何让自己的这本书,可以让你看了后迅速受益,并且成为你可以马上运用到实践中的写作指南?

我知道市面上已经有很多教导写作的书籍,很多知名人士也都纷纷开设课程。

教剧本写作的,有国外的麦基和菲尔德,国内的杨健、宋方金等人;

教小说写作的,有人民大学出版社的"创意写作书系"(那套书也深深影响了我),有以毕飞宇(在南京大学中文系开设写作课)为代表的一大批作家在各大学开设的小说写作课;

教自媒体写作的，有近年的后起新秀粥左罗等人；

教文案写作的有小马宋、"台湾文案天后"李欣频等人；

教采访写作的有《南方周末》系的一大批知名记者；

教特稿写作的有《知音》杂志等一批特稿编辑；

……

所以，当有一天，我决定也写一本有关写作技巧的书时，心里多少会忐忑地想："我的这本书，和以上那些同行的写作技巧的书和课程，有什么不同？"

即使在已经开始写作这本书时，我也还是在思考这个问题。

我想我至少明白的是：**我了解许多初学写作者起步时的艰难。**

我曾经接到过许多初到北京的写作者的求助，其中有一个退伍的小战士。他在部队时就爱写小说，后来退伍后他放弃了政府给他分配的公务员工作，来到北京成为一个北漂，追求自己的写作梦想。

他先是住地下室，但因为长时间没有收入，最后连地下室都住不起了，就晚上寄宿在网吧里。白天，他去北京白石桥附近的国家图书馆写作，那里提供写作的地方，还可以免费看书。

我帮忙陪他一起去找过房子，看着他不断被房东拒绝的失望表情，那一刻，我仿佛看到了自己曾经北漂时的影子。

但幸运的是，识时务者为俊杰，我因为迅速地掌握了一套商业写作的技巧，没有走太多弯路，得以在这个城市生存了下来，而且还闯出了一片属于自己的天地。

我知道，有很多人在教写作技巧，但是他们的写作技巧，可能一时并不能马上解决你的温饱问题。有很多写作技巧，曲高和寡，等你成为这个领域的专家，可能真的需要一万小时的训练。

而我的这本书，它的优势在于：

其中的许多技巧，都是我在二十年紧贴市场的写作实践中总结出来的。它们帮助我发表了至少五百万字的作品，它们让我成为一个靠写作可以养家的人。

我赞同，写作需要有高尚的理想，写作需要热爱，写作需要情怀。但我也从不讳言，写作需要解决生存问题，写作需要赚钱。不谈稿费的写作，都是不切实际的。

这本书，我希望可以成为一本人人可学的写作实操指南。它不曲高和寡，不管你是一个刚开始写作的小白，还是有一定写作经验的成熟写作者；或者，你仅仅只是希望通过写作实现业余创收——我相信这本书都非常适合你。

如果用一句话来总结这本书和市场上其他教写作的书籍有何不同，我想它应该是：**这是一本面向最热门的商业写作市场的写作指南。**

在书中，我精选了最热门的四大类商业写作类型，与你分享写作经验：

1. 非虚构写作：如何写出有影响力的采访稿；
2. 虚构写作：如何写出让影视公司青睐的小说；

3. 新媒体写作：如何写出高质量的新媒体文章；
4. 文案写作：如何写出能促进销售转化的软文。

这四大类写作者，都是市场上最紧缺的人才。

会写采访特稿，一支笔所向披靡，你将受人尊敬。

会写影视小说，小说影视改编权卖出千万的案例比比皆是。

会写新媒体文章，你的影响力可以在新媒体时代迅速得以传播。

会写文案软文，不论你做微商还是从事文案工作，到处都对你求贤若渴。

这本书，不只教你实现写作理想，满足写作情怀，它还可以解决你的就业问题。你只要按照我的写作技巧写下去，一定能够衣食无忧。

张爱玲在散文《烬余录》中曾经这样感叹：时代的车轰轰地往前开。

有时我也常常感叹：时代的车是如此飞快，我们能抓住什么？我们是那个上车的还是下车的人，还是赶不上车的人？

但如果你有一支笔，你热爱写作，你对待写作的态度，如同黄土高原上的农民，不问将来不畏过往，只管默默地埋头耕耘，我想你就会是这个时代的记录者。不管时代的车如何轰轰地往前开，时代在你的心中，将永存。

曾小亮

2020 年 8 月

目 录

序 言

01 第一章
当你决定开始成为一个写作者   001

先回答一个问题：你为什么而写作？   002
自测：你适合做一个职业写作者吗？   007
如何将写作从个人抒发提升到职业化   013

02 第二章
写作绕不过的那些坎儿   019

创意：如何找到源源不断的写作创意   020
模仿：写作初期，从模仿到超越   027
灵感：写作灵感，是天生还是后天训练   033
激励：写作自我激励小技巧   038
谋生：如何平衡为钱写作和为兴趣写作   041
孤独感：写作的孤独感如何克服   046

睡眠：写作者如何睡一个好觉　052
自律：写作者为什么要像村上春树一样自律？　057
时间管理：学会记录时间，让写作变得更高效　061

03

第三章

非虚构写作：如何写出有影响力的采访稿　069

一场完美的采访，需要做哪些准备工作　070
如何顺利地做一场采访　078
如何整理采访后的素材　085
非虚构写作的技巧与要领　089
我最满意的几篇名人访谈稿是如何出炉的　098
如何给非虚构写作的媒体投稿　106

04

第四章

虚构写作：如何写出让影视公司青睐的小说　113

什么样的小说是影视公司的最爱　114
如何写好影视小说的开场和激励事件　123
巧妙人物关系的搭建是推动故事发展的关键　128
热点 IP 影视小说的写作规律　134

如何向影视公司推销自己的小说	142
如何看待影视写作的高收入现象	150
影视小说名家的写作规律与秘诀	155

05 第五章
新媒体写作：如何写出高质量的新媒体文章　169

新媒体写作与传统媒体写作的区别	170
什么样的文章让读者有转发动机	178
那些全网疯传的爆款文章的写作规律	183
新媒体写作中的逻辑学和金句理论	189
如何通过新媒体写作赚取稿费	195

06 第六章
文案写作：如何写出能促进销售转化的软文　201

一篇价值百万的软文是如何问世的	202
宣传个人 IP，巧妙利用软文营销	208
如何写作能促进销售转化的服务行业软文	211
广为传播的软文的写作技巧与要领	220

那些文案圈疯传的软文的写作技巧 226
软文写作要有产品经理思维 232

07

第七章
如何通过写作打造个人 IP 237

写作者如何打造个人 IP 238
斜杠写作者：写作如何与其他兴趣爱好并存 245
所谓"专家式"写作指的是什么 251
你可以通过哪些平台输出你的作品 257
写作之余，你还要做好健康和心理保障 260

后　记 267

我觉得一个人不管做什么事情，在进入具体的实战技巧学习时，首先你得了解你将从事的行业的基本概貌，你个人在这个行业的定位，以及你要从事这个行业的一些心态准备等。就像学习游泳之前，教练会先在岸边给你讲一些游泳的基本知识；也像去学习驾照，驾校教练会给你讲一些驾驶的基础知识一样。

我在决定将写作当成一个终身职业时，也做了很多这样的思考，包括：写作这个行业到底是什么样的？我个人到底适不适合这个行业？我只是因为一时的兴趣而写作，还是可以将其变成职业？等等。

所以第一章，我希望先分享一些一个人要走上写作这条路时，应该先做一些什么样的心理准备。我想，只有你的一些基本心态准备好了，在未来面对写作这条道路上的各种可能的困难和挫折时，你才会勇往直前，不轻言放弃。

第一章

当你决定开始成为一个写作者

先回答一个问题：你为什么而写作？

我经常去参加很多写作沙龙或者读书会讲座，很喜欢向那些渴望走上写作道路的人问一个问题：你为什么而写作？

问这个问题时，我会得到五花八门的答案。有人说，他就是对写作感兴趣，觉得伤春悲秋时，写作是最好的表达；也有人说，就是想通过写作改变命运，在自媒体界，不是有许多人通过写作改变了命运吗？我还听过一个特别有意思的答案：因为他追求一个女生，而女生喜欢有文采的男生，为了让这个女生喜欢自己，于是他就走上了写作道路。就像歌德当年因为失恋而写出了不朽的《少年维特之烦恼》，为了讨得某个人的欢心而去写作，这确实容易成为一种强大的写作动力。

这些五花八门的答案都没有问题。只是从我的观察来看，那些能够将写作这项事业进行得更远、更持续的人，往往真不是凭一时的兴趣而写作。一时的兴趣容易泛起,但持续地、自律式地写作却不容易。

所以,哪样的写作者,能够走得更远呢?

一类是能坚持自律的

电视剧《正阳门下的小女人》《情满四合院》的编剧王之理,据说常年坚持凌晨三四点起来写作。所以,在他五十多岁时,还能迎来创作的高峰,写出了热播剧《情满四合院》等。我曾采访过著名作家严歌苓,她也是每天早上固定的时间坐到桌前开始写作,且一天不写满固定的字数不罢休。而最自律的大概就是日本作家村上春树了,他不仅坚持每天凌晨四五点就起床写作,还为了能够有持续写作的体力,坚持常年跑马拉松。

我认识许多有才华的年轻人,他们立志走上写作道路,但经常是"三天打鱼,两天晒网"。有的人有一天突然热血上涌,想写点东西了,可第二天看见大好春光,或者被什么新鲜的事情撩拨时,就立刻离开书桌,飞奔而去。结果,多年过去,一起开始写作的小伙伴都写出好几本书了,但他自己的所谓写作理想也还是只停留在热血阶段。

微信公众号很火时,我也看到一大批喜欢写作的人,都开通了微信公众号,但坚持下来的却是少数。有些人开通账号后,刚开始凭着兴趣天天打鸡血一般,日更了一阵儿后,就再也坚持不下去了。当不想日更时，内心里总会有一万个借口：昨天是某个节日，今天身体不太舒服……然后就慢慢彻底停更了。而那些坚持自律不断更的写作者，最终很多做成了拥有百万粉丝的大号，自己身价也上千万。

在自律与勤奋上，著名网络作家唐家三少可以说是劳模。网文圈里流传着一个关于他的段子：他每天坚持写作日更小说。即使他的太太在产房生产时，他自己坐在产房外的椅子上，也打开电脑啪啪写作。有这样的自律和坚持，即使才华一般的人，也能天道酬勤，最终成功啊。

另一类是真的将写作当成自己生命的一部分

法国作家杜拉斯谈写作的意义时说："我写，是因为我要让自己变得庸俗，我要把我自己给杀死；其次就是为了夺走我的重要性，卸去我的重量：我要文本取代我的位置，如此一来，我才会比较不存在。唯有两种状况，才能将我从我自己中解放出来：自杀一途和写作一途。"

我国作家路遥说过："除了写作，我还能做什么呢？"他在写作长篇巨著《平凡的世界》时，经常会有写不下去的时候。这时候，他就打开托尔斯泰的日记一遍遍地看，从中汲取力量。对于路遥而言，写作就像农民春耕秋收一样，是一种生命的日常，如同一个人每天要吃饭和呼吸空气一样不可缺少。

我经常和许多作家交流，很多作家也都描述过写作对于他们的治愈作用。那种体会是：我真的不能不坐在桌前写作。如果我不写作，我会死去，我会发疯，我会得各种心理疾病（当然，写作也一样会产生一些心理疾病）。只有在写作中，我才能找到安慰。比如作家阿来曾这样说："写作时，我就是帝王。"

当一个写作者，慢慢将写作当成生命中一种必不可少的内容，他的写作才不会是一时的权宜之计或者投机取巧之策，而是能够持续输出的长时间行为。

还有一类写作者，是将写作当成了一种宗教般的朝圣行为

他们觉得写作就是要青史留名；写作就是要通过一支笔去改变社会，去安邦济世；写作是无比神圣的事情。为了写作，他们可以献出自己的生命。这样的写作者还真不少，这样的写作情怀更值得尊重和提倡。

当然，还有因为其他的一些原因而渴望写作者，比如想有更大的声名，想挣更多的钱（事实上，通过写作挣钱，不见得比其他行业容易），或者偶发的兴趣，等等。希望通过写作挣钱来改善生活，希望通过写作来谋一份职业，这是一个人最基本的本能愿望；希望通过写作来治愈自己，寄托理想，这是写作带来的精神福利；希望通过写作来安邦定国、青史留名，这是一个人的写作信仰。不管因为什么样的动机而写作，都

是无可厚非的。但如同美国心理学家马斯洛的需求层次理论一样,一个人的写作,必定首先是实现基本生存,维持生活,然后再达到自我实现。

重要的是,只要你坚持写,你热爱这件事情,然后将每天写作当成一种习惯,慢慢地,你就会发现,你再也离不开写作了。而那些所谓回报并不重要,重要的是,在写作的过程中,你就能体会到许多快乐。

自测：你适合做一个职业写作者吗？

很多人在准备走上作家这条道路前，可能最忐忑的问题是："我适合做一个作家吗？"都说男怕选错行，女怕嫁错郎，万一自己并不适合当作家，而非要去走这条路，一旦蹉跎了岁月，将来岂不是一事无成？

在某种程度上，如果一个人在开始做一件事情时，过于瞻前顾后，往往很难做成一件大事。而理想主义者都会奋不顾身，所以最终往往也是理想主义者才能成就一番事业。我想当张艺谋和贾樟柯选择导演职业作为自己毕生的理想和追求，他们最初踏上这条路时，可能内心对自己到底能不能成功，也不一定完全有信心。只是，那份对电影的热爱驱动着他们，所以他们才能一往无前。

不过，理性地去想一想，自己到底适合不适合当作家，我觉得这样的职业测评，还是非常有必要。在你准备把当作家作为自己的人生方向时，我想你可以问自己这样一些问题：

我有没有当作家的天赋？

这个问题，我无论是在采访时还是在日常生活中交往时，都问过许多知名作家。他们的回答几乎无一例外：**如果你想成为一个优秀的作家，天赋一定是非常重要的。** 作家严歌苓甚至说："我记得我跟王安忆有过这么一次讨论。她说作家30%靠天赋，70%靠后天的努力。我说我认为正好相反，作家要靠70%的天赋，30%的努力。但是现在我觉得我的想法有改变，我认为作家50%靠天赋，然后还要加上20%的职业训练。"

我确实认识一些有志于写作的人，好像他们再怎么努力，写出来的东西都差那么一点火候。比如，我在鲁迅文学院上学时，有个同学非常勤奋，不管写作讲座大小，他抓住机会就去听，书也读得很多。但只要他一落笔，写出来的东西就非常"平"，缺少那种叫作灵气和韵味的东西。在我看来，这样的人就不太适合当作家。

归根到底，人生的路千万条，不一定非要挤在写作这条道路上。就像土豆网创始人王微，很有才华的一个写作者，在该放弃时也勇于放弃，转型成为一个成功的创业者。没有当成作家，在别的道路上同样可以成功。

我能不能耐得住写作的孤独？

当你开始写作时，真的就是一个人与自己的对话。你写不下去时，没有人可以帮助你。你在电脑上或者纸上开始创作前，就是开始了一段孤独的旅程，你将与自己的内心对话。长期独坐在家里写作时，你会感觉这个世界好像抛弃了你。这时候，你是否有强大的耐得住孤独与寂寞的心智？现在的诱惑那么多，手机、互联网、各种游戏等，你能否坐下来，心无旁骛？

曾经有一个大学生来找我拜师，希望学习写作知识。我给他布置了一个题目，让他先试写一下。结果在写作的过程中，他一会儿忍不住刷下手机，一会儿又忍不住站起来看看风景，完全是一副安静不下来的样子。这样心不能安静，耐不住寂寞的人，真的无法想象以后如何能长期坚持坐在桌前写作。

所以，你会发现，那些大作家，他的作品仿佛都是活灵活现，文采斐然。但你见到他本人，却发现他显得有些木讷甚至呆板时，一点儿也不要觉得奇怪。那种呆板、木讷的样子，可能正是长期安静写作塑造出来的一种气质，就像一个佛教徒，长期修行后，会给人沉默、内敛的印象一样。

有一年，我在全国两会时采访作家贾平凹，当时我和他在一个饭桌吃饭。只见他连吃饭时都是一副若有所思的样子，有一种自成一体的气场。

所以，要想当作家，首先要练好坐功。当作家，要先坐得住；坐都坐不住的人，还是趁早去转行。

我对生活是不是一个充满热情的人？

很难想象，一个对生活如同一潭死水的人，如何去当作家。

过于理性的人，适合去当科研工作者。但作家不一样，作家就需要对生活和这个世界充满好奇和热情。

所以，作家在谈恋爱时，不要怕受伤，要始终对爱情怀有初恋般的热情。即使一次次受伤了，也仍旧要以飞蛾扑火般的姿态奔向爱情，在痛苦中去体验爱情的深邃和真正的意义。有些作家真的如同一部法国电影《巴黎野玫瑰》中的女主人公那样，具有一种疯狂的气质。我认识的不少优秀的女性单身作家，或许正因为她们具有一种神经质式的敏感，一种疯狂的气质，一种写作者的偏执，才很难具有和谐婚姻中恰恰需要的对一个人的忍耐和包容。但婚姻情感的不幸，往往有时反而成就了她们写作的幸运。

我是不是一个敏感的人？

一个钝感的人，当然当不好作家。你的感受力不能比常人更敏锐，那你如何能写出更深刻、更细腻的作品？

我是不是一个喜欢表达的人？

这种表达，并不是指公开演讲，或者像外向型人士社交那样，而是指，你的内心是不是常常有话要说，要对这个世界有所表达。就像有些诗人说的：我常常希望向这个世界温柔地诉说。

有时候，作家可能正因为充满了一种压抑的在现实世界中无法诉说的孤独，才渴望通过写作去传递自己内心最真诚的声音。

我是不是一个对文字表达充满兴趣的人？

说到表达，有些人喜欢用音乐，有些人喜欢用画画。但作家，就应该是那种喜欢用文字来表达的人；而且，愿意为更好地表达而不断去学习，去寻找，去思考。

我是不是一个内心充满爱的人？

我把这一条也列为一个人是否能当作家的自测条件之

一，是因为很难想象，一个内心充满恨的人，能够写出好的作品。只有内心充满爱的人，他笔下的人物才会让人温暖和感动。

如果你决定开始当一个作家，并且希望将写作当成毕生的理想和追求时，不妨问一问自己以上这些问题。如果你的回答都是肯定的，那真的不要犹豫，勇敢地去开始你的写作之路吧。

如何将写作从个人抒发提升到职业化

写作，可以说是这个时代，普通人改变命运最好的途径之一。我就是那个江湖传说靠码字儿在北京买了几套房的作家曾小亮。

1998年，我开始闯荡北京。那时候我的梦想是当个作家，一心想好好写小说。但那时没有今天的文学网站，影视行业也没有今天红火。

记得当时我发表在一本文学刊物头条的一篇中篇小说，拿到的稿费是200元。那篇小说，我写了一个月左右，而文学刊物开出的稿费是200元。一个月赚200元，对于在北京当务之急是如何生存下来的我来说，显然是杯水车薪。

怎么办？

我太喜欢写作了，如果不通过写作养活自己，我又能靠其他什么？那段时间，我像许多闯荡北京的北漂一样，住过地下室，住过五环外。

我曾经住过一个城中村的出租房，屋里除了一张床，什么都没有。冬天没有暖气，半夜会被冻醒。冻醒后，我像个哲学家一样思考："先生存，还是继续追求理想？"

我知道，要想在北京生存下去，又必须靠写作的话，显然写诗歌，写严肃的纯文学小说，当时还不是一条可选择的道路。

也是一个偶然的机会，我认识了一位当时在期刊界知名的自由撰稿人。他经常一天的稿费就好几千元。他还靠着写稿的费用在北京郊区买了一套大别墅。

他的写作经历让我羡慕。

我向他求教。因此我才知道，写作完全不是我理解的，只能写诗歌和小说。写作的领域可以无限宽广，比如：可以写非虚构类文章；可以写通俗故事；还可以写鸡汤美文。

而且我还知道，当时在北京职工月平均工资才2000多元的时候，很多国内的知名畅销期刊都开出了千字千元的稿酬标准，比如《知音》《家庭》杂志，《华西都市报》的特稿等。

这意味着什么？

如果你一天写作四五千字又能够顺利发表的话，一天的收入就能够抵得上一个普通北京职工近两个月的工资收入。

这让我很快意识到，对于我个人来说，一个全新的写作时代,或者一个写作风口来临了。

很快,我开始学习如何给当时市场上最畅销的期刊写作和投稿。

没用多长时间,我就在海南《东方女性》杂志、河南《人生与伴侣》等杂志接二连三发表了我的作品。

很快,我也成了国内畅销期刊的知名撰稿人,在几乎所有知名的畅销期刊上都发表过作品。

当然,我也很快依靠这些稿费搬离了北京的地下室,并在北京买下了第一套、第二套房子。

那时是属于擅长写作畅销期刊稿件的写作者的时代,我认识的许多知名写作者,都是靠着给畅销期刊投稿,名利双收。

但写到今天,我必须得说,**对于一个写作者来说,重要的不是一时的写作抒发,而是如何将写作从个人抒发提升到职业化。**

很多写作者不是没有才华,而是缺乏职业化的训练。今天有了兴趣就写一篇文章,明天没有兴趣,就不写了。"三天打鱼两天晒网",最终当然会在写作这条路上半途而废。

要想让自己的写作从个人抒发提升到职业化,你必须要做到:

1. 训练自己的写作技巧

所有的行业都是有技巧的,你需要每天练习。甚至想要成为专家，就要接受"一万小时的训练法则"。就像梅兰芳唱京剧天天练嗓子一样，技巧日积月累，才能最终让你成为一个不是单纯地靠灵感，而是靠职业化写作的人。

每天练习，也能够让你始终保持写作的感觉。我经常听到有人说"一段时间不写作，手都生了"。

没有错。天天写，月月写，时间一长，你的写作就变成了职业化。

2. 训练自己的专注力

我常常感到，在今天这个时代，最难的是专注。因为诱惑我们的事物太多了。

有的人无法坐在书桌前长时间安静地写作。

有的人写作热情时断时续，一会儿想当作家，再过一会儿又想去当个流浪者。

还有的人，简直像一个电动娃娃，喜欢不停地折腾。

如果没有专注力，怎么能将自己的写作做到职业化？只有每天定时、定量写作，像一个工人按时去工厂做工，一个农民按时下地劳动一样，才能让写作成为你生命中不可缺少的事情。

3. 训练自己跨界写作的能力

职业化的写作有时就意味着要面向市场。

写作市场需要一个情感故事，你会写吗？

写作市场需要一个明星采访稿，你会写吗？

写作市场需要一篇商品软文，你会写吗？

职业化的写作者，有时就应该是多面手，要训练自己什么都能写的跨界综合素质和能力。

4.训练自己的客户思维

所谓客户思维就是，别人付了稿费，你就得对得起这份稿费，将文章写好。或者，客户可以量身订制，客户需要什么，你就能写什么。

只会个人抒发的写作者，写作时眼里只有自己，不会考虑客户。所以有时他会发现自己投出去的稿件，经常石沉大海。因为客户看到他的稿件时，会想："你的这些小感受，一些鸡毛蒜皮的家长里短，和我有什么关系？读者爱看吗？"

职业化的写作者，会先去分析市场，分析客户的爱好和需求，然后进行针对性的写作。

只有训练自己以上这些方面的写作技巧和思维模式，有一天你的写作才能够从个人抒发提升到职业化，你才能像走二万五千里长征一样，无论路上遇到多少困难，总能坚持一直写下去。

在写作之路上,我也曾经遇到过许多困惑。

在与许多写作的朋友一起交流时,我发现这些困惑也曾经让他们陷入茫然中。比如:

没有灵感时怎么办?

写作找不到方向时,要不要先模仿名家?

在写作生涯陷入停滞时,可以用一些什么方法来激励自己?

我也曾经被以上几种问题困扰过,在那些黑暗的上下求索的日子里,我甚至问自己要不要转行去从事别的职业。

最终,通过对以上问题的思索,我找到了一些属于自己的应对方法。当你在写作中也遇到这样的问题时,希望你可以翻一翻我关于这些问题的思考和心得,也许能够帮助你打开写作思路。

第二章

写作绕不过的那些坎儿

创意：如何找到源源不断的写作创意

经常听到一些初学写作者这样说："我也很想写作啊，但经常是下笔时，不知道写什么。看有些作者，创意好像自来水一样源源不断，但我的写作创意，经常千呼万唤不出来。"

没有写作创意，就好像是不高明的厨师走进厨房做饭，面对着琳琅满目的食材，不知道如何下手。而高明的厨师是：即使只有一些边角料，也能立刻巧夺天工，通过自己的创意，三下五除二，瞬间变出一盘盘美味大餐来。

前者差的是什么？

就是对原材料的创意。

判断素材，要如猎犬般敏感

写作素材其实在生活中是无处不在的。关键看你有没有掌握创意技巧，能将这些素材很快拼成作品大餐。

我们先来看一个作家李碧华的例子。

李碧华是中国香港的一位高产作家,在写作鼎盛时期,曾经为《明报》《东方日报》等香港数十家媒体撰写专栏。

除了专栏之外,她还要写各种小说。

她在访谈录中说自己是这样寻找写作素材的:每天早上起床后,她做的第一件事是打开各大报纸,快速地浏览,从中发掘对自己有用的写作素材;觉得有用的写作素材,就用剪报的方式剪下来,贴在墙上。

在她写作的时期,还没有互联网。除了看报纸,她的另一个搜集写作素材的渠道就是看电视。而且她喜欢看一些媒体上的社会新闻,里面的家长里短,市井里弄,凡夫走卒等——这些看似被别人一笑而过的素材,在她那里,就像猎物遇上一个"写作猎犬"一般,迅速地被过滤、筛选、挑拣,最后变成对她有用的写作素材。

她的许多专栏的写作创意就是这么来的。

关于写作创意,在传统作家中流行一个词,叫作"采风"。意思是说,没有写作素材时,就出外旅行或采访一阵儿,去当地感受一下风土人情,采访一些故事的主人公等,从中获得写作灵感。

采风,重点是要做个有心人

在这方面,我也曾经看过许多当代作家的访谈。

湖北作家池莉说她也喜欢经常旅行，在自己写作灵感枯竭时，就去陌生的地方旅行一段时间。有时，陌生的风景、陌生的人和事等，都可以刺激她的写作灵感。

黑龙江作家迟子建则经常回到故乡漠河，回到大兴安岭、小兴安岭住一阵儿。那些熟悉的人和事，有时隔一段时间再回去，也能让她找到很多写作创意。

作家严歌苓为了写作小说《老师好美》，深入很多中、小学采访，实地感受校园里老师和学生的生活状态。

所以，从某种程度上看，采风确实有助于一个写作者获得写作创意。

我的故乡在湖北东南部的一个小县城，我经常是三五个月才得空回老家一趟。我回老家后，常常最喜欢做的事情就是，在县城的大街小巷漫无目的地闲逛，或者坐在人民广场的台阶上，看广场上跳舞的人群。

经常在这样一些时刻，很多写作创意源源不断地来到了我的脑海中。

比如有段时间，我就在采风时构思写作了一部小说《一个县城里的中国》，以县城里不同职业、不同身份的五十个人的生活，来反映一个典型的中国小县城，在当代中国所发生的剧烈变化。

真正的采风,是用心沉浸与感受

英国作家阿兰·德波顿在《旅行的艺术》一书中,也强调了这种旅行要用心来感受的重要性。他说,**只有在旅行的过程中,用心去体验当地人的生活,用心去感受人文历史、风土人情,你才会有更多的新发现。**

面对同样的写作素材,走马观花的写作者会视若不见,而用心去体验和发现的写作者,则会从这些写作素材中找到创意组合的灵感。

在发掘写作创意方面,电影《我不是药神》的第一编剧韩家女可谓高手。众所周知,大卖的电影《我不是药神》的故事创意,来源于央视的一档法制节目《今日说法》报道的案例。

这个节目播出时,肯定是有许多人同时看到了这期节目。但是,缺乏创意训练和准备的人,大都就是看个热闹,然后嘘唏感叹一下,也就过去了。而韩家女却从中看到了这个故事的价值,她敏锐地判断这是一个好的写作创意——一个本来自己得重病的患者,从寻找地下进口药救自己性命的过程中,慢慢发展到帮助别人代购。

韩家女觉得这个故事值得挖掘。为此,她找到现实生活中故事的主人公程勇,对他进行采访,并取得授权,写成了后来让她声名大噪的《我不是药神》。

这难道不就是有心发掘写作创意的结果吗?

要学会像大厨一样加工素材

通过以上案例,我们发现了找到源源不断的写作创意的两个关键点:

第一,如何判断写作素材的写作价值;

第二,如果素材是有写作价值的,如何进行基本素材的再加工和创作。

如何判断写作素材的写作价值

我们每天会接触成百上千条新闻,听到成百上千个人的故事,无论是网络上的,还是从周围道听途说的,要想判断哪些人和事可以写,你得先问问自己:它们打动你了吗?

首先,相信你的直觉吧。当你一瞬间被某个故事或者某个人所打动,当你一瞬间被某个场景激发出欢乐或者惆怅的情绪,那些打动和激发你的事物,可能同样会让别人产生触动。

日本作家是枝裕和有一次在家乡的火车站,看到一个中年男人携家带口回家的背影时,突然萌发了想写一个关于亲情的故事的欲望。于是,就有了《步履不停》的小说和电影。

那种描述亲情间的隔膜与和解,描述亲情间的"人生路上步履不停,为何总是慢一拍"的淡淡感伤,不是同样让我们在生活中感同身受吗?

**记录下打动你的人和事,写下来,相信它同样会打动别人。

当然，只有打动是不够的，你还需要问问这些人和事，它们是否符合以下标准：

第一，有趣。有趣的东西才会吸引人。

第二，有新意。大家都在用"霸道总裁爱上我"的写作套路时，你再写一个"霸道总裁爱上我"的故事时，有没有新意？

第三，有某种人性的深刻。只有挖掘出人性的深刻和真实，才能让人印象深刻。

如果满足了以上一些条件，那么你就拿起笔开始写作吧。不管是把它写成散文、小说、新媒体文章，还是写成诗歌、剧本等，都可以。

如何进行基本素材的再加工和创作

比如，你听到邻居家的一个老人去世了。

这是一个事件，每天都在我们的社会生活中发生。这个事件之所以会打动你，是因为事件的主人公是你的邻居。如果你只简单地写一个老人的去世，这件事情就没有多少写作价值。

但假如我们在这个老人去世的遗物里，发现了一封信。

原来在多年平静的婚姻生活下面，她曾经有过一次出轨经历。她一直将这段经历埋在心底，从来没有和任何人说起。

这段经历如同一道光，照亮了她沉闷的婚姻生活。她一直深爱着那个让她出轨的男人，怀念着她生命中那曾经闪亮的一周。

于是，有人把它写下来了，写成了小说《廊桥遗梦》。这部小说探讨了婚姻道德，以其深沉的力量打动了无数读者，成了畅销书。

这样的构思是不是让你体会到：要想让一个写作素材变得有价值，我们需要移花接木，对素材进行再加工和创作；需要找到新的写作角度，让这个素材具有艺术价值。

可能你还是不明白，那我就说得更形象、更明白一点：在高明的厨师那里，无所谓食材的价值。任何食材都是有价值的，关键在于厨师是想把食材做成小炒还是满汉全席，做成鲁菜还是川菜，做成餐前小点还是宴会中的主菜。如果厨师了解自己的意图和方向，哪怕是一片萝卜，都能把它做成餐前小点，变成美味佳肴。

对于优秀的写作者也是一样。如果写作者胸中有明灯，知道自己想要什么，然后就可以带着这样一个采购意图，去"生活的菜市场"挑选适合自己的写作原料。

于是，在生活的汪洋大海里，有写作者取之不竭的写作原料。

模仿：写作初期，从模仿到超越

初学写作者，最难的可能是无从下笔。

素材有了，创意也有了，但还是不知道如何写。

这就涉及一个写作初期的问题：从模仿到超越。下面，我们就来讲讲初学写作者，如何实现从模仿到超越。

模仿，是写作者的必然之路

说起模仿，在书法界和美术界是最容易理解的。

比如在画画时，一般美术老师可能会教导你，先找一些大师，比如张大千、齐白石的画作模仿（临摹）。

学习书法时的模仿，则更容易理解了。我们会买一些书法大家的字帖，照其一笔一画地练习。久而久之，先学会形似，再慢慢神似。

形神皆似后，再开始超越。

对于初学写作者来说，模仿同样可以是起步的第一要点。

著名作家王小波去世后，网上曾经有一个崇拜他的作家群，叫作"王小波门下走狗"。中国当代文坛一些中青年作家，很多都受王小波写作风格的影响，并有意无意地模仿过他。

韩寒曾经公开表达过对王小波的喜爱，说他自己的杂文、随笔等写作，深受王小波风格的影响。

作家韩松落说他曾经在狭小阴暗的宿舍里一口气读完了王小波的"时代三部曲"，紧接着便是毫无意外地模仿——他模仿王小波写了很多篇作品，其中有一篇名叫《春雪》。

和韩松落一样，著名悬疑小说作家蔡骏也模仿过王小波的小说《立新衖甲一号与昆仑奴》。

张爱玲曾经说过，自己读《红楼梦》是如何如痴如醉。她后来的许多小说，包括语言风格，都多少受到曹雪芹的影响。她最著名的小说之一《倾城之恋》中的乱世儿女情，让人想起《红楼梦》中的一众儿女。

而后来的作家王安忆，写老上海的感觉，又多少让人感觉有张爱玲文风的影子。

写作《平凡的世界》，并以此获得茅盾文学奖的路遥，在自己的创作手记《早晨从中午开始》中说过，自己的现实主义写作风格，深受当时同样是陕西作家，写作《创业史》的柳青的影响。还受过苏联作家肖洛霍夫的《静静的顿河》的影响。

所以，**模仿前辈大家，开始自己的写作，被证明是一个行之有效的方法**，也被许多知名作家实践过。

模仿可以让你少走许多弯路。

对于模仿，就像一句话所说的那样：你可以站在巨人的肩膀上。如果前辈已经探索过，证明是可行的道路，为什么你还非要去走弯路呢？

模仿：哪些可以模仿，哪些不能模仿

谈到模仿，关键的问题是，你如何行之有效地模仿，或者如何正确地模仿；还有，如何不让模仿变成抄袭。

模仿，首先要找到哪些作家、哪些作品最能打动自己，而且在打动自己的同时，最能让自己涌起一种冲动：我也想这样写作，这样写作，最能抒发我对人生的理解。

二十多年前，有一次我读史铁生的小说《老屋小记》（史铁生曾经因为这篇小说获得首届鲁迅文学奖）。小说以诗一般的语言，从作者的视角，讲述了几个他认识的小人物的故事，展现了他们的梦想与失落。小说感人至深。

记得读完后，有很长一段时间，我从小说里那种惆怅的情绪中一直走不出来。当即有一种冲动，让我也很快写完了一篇叫作《珠江河畔》的小说，虚构了几个珠江河边的小人物的故事。

这篇小说发表在 1997 年的宁波《文学港》月刊上，并且作为封面重点小说进行推荐。诚实地说，从情绪的掌控，语言的风格，小人物的塑造上，我这篇小说都模仿了史铁生的《老屋小记》。

之所以想模仿，是因为那种诗一般的语言，那种欲说还休，惆怅的、忧伤的乡愁一般的写作风格，深深地触动了我。

模仿打动你的作品，打动你的作家，并且找到适合你的表达方式去表达。但是切记，你的这种模仿一定不是抄袭。

你可以模仿那些你喜欢的作家的写作风格；你也可以像他一样，选择某种类型化的题材来重点写作，比如：

- 大女主
- 悬疑
- 家庭亲情
- 青春小说

……

但是你不能这样做：

完全模仿对方某个作品的结构；

模仿对方作品的某个桥段；

完全模仿对方某个作品的题材创意；

完全模仿对方某个作品的人物设置；

……

如果你有这样的行为,就不叫模仿,而很容易会被认定为抄袭。就像作家于正最终被法院判决抄袭琼瑶的作品《梅花烙》,电影《少年的你》被网友指出原著小说抄袭了日本作家东野圭吾的作品《犯罪嫌疑人X的献身》的写作创意,而引起舆论风波一样。

超越自我,才能成为一个优秀的写作者

不管如何模仿,优秀的写作者,最终都会经历一个由模仿到超越的过程。

因为一个优秀的写作者,既要站在巨人的肩膀上,但又不止于此。他需要汲取前人的经验和智慧,而最终形成自己的风格;他需要从前人对时代的记录中受到启发,完成对自己所处时代的记录。

我国著名作家莫言的写作,能够看出来深受美国作家福克纳的影响。写出了《喧哗与骚动》《我弥留之际》的福克纳,一辈子都没有走出过自己的故乡小镇,但这并不影响他通过书写故乡小镇上的人物,来记录整个人类的故事。

莫言,最开始也一直在写作山东高密老家的人们的生活,但是他最终形成了自己的风格:黑色幽默,中国本土特色等。最终,他获得了诺贝尔文学奖。

从我国香港作家李碧华的很多作品(比如《青蛇》)中能

够看出，她深受张爱玲的影响。但是李碧华在模仿张爱玲的基础上，形成了自己的写作风格。她最擅长写情，在她的作品中充满了浪漫、激情、凄艳的色调，这比起张爱玲的空灵、寂寥、冷峻，又自成一体。

作为写作者，就要有一种从模仿到超越的能力。

那么，如何才能超越呢？

你在写作时，首先要找到自己不同于别人的优势和禀赋。 一个人的身上，就连通着全人类，但是每个人又都是独一无二的。你一定有自己独特的经历、独特的气质、独特的生长环境等。

你只需要在融会贯通的基础上，发挥自己的优势，将自己的特点放大，就能形成自己的独特风格。

灵感：写作灵感，是天生还是后天训练

自从写作以来，我被人问得最多的问题是："为什么我经常没有灵感？"

很多人反映，自己坐到电脑桌前，经常感觉大脑一片空白，神思困乏，不知道该如何下笔。或者，即使憋了半天，好不容易写出来一段话，但自己都觉得面目可憎。

怎么办？

为什么没有能激发灵感的缪斯女神频频光顾？为什么灵感不能像自来水一样，只要我想要，它就随时有？

下面我们就来聊聊，所谓写作灵感，是天生还是后天训练。

灵感之于写作，如同神的光顾

我曾经看过一幅漫画。有一个写作者，为了等待灵感光

顾，好让自己写出惊世之作，一会儿跑到草地上晒太阳，一会儿熏香沐浴，进行等候灵感光临的仪式，结果白白折腾——就像古时候旱灾之年的灾民求雨一样，一番折腾下来，连一滴雨也没有见到。

写作，有没有灵感这回事？

灵感肯定是有的，文坛上也有不少关于灵感的逸闻。

英国作家J.K.罗琳曾经回忆自己创作《哈利·波特》的灵感来源时这样说道："那个周末，我找好房子之后乘火车回伦敦，车上很拥挤。塑造哈利·波特的想法就在这个时候突然出现在我的脑海中。我从6岁开始就一直在写作，但是之前从未因一个想法激动过。但让我极度沮丧的是，当时没带笔，而害羞的我又不好意思向别人借。现在想来那可能是一件好事。因为我只能静静地坐在那儿，任凭想象天马行空。由于火车晚点，我就这么想了4个小时。所有的细节都出现在我脑海里。一个骨瘦如柴、一头黑发、戴着眼镜，并不知道自己是个巫师的男孩儿越来越真实。"

英国作家詹姆斯·巴里说自己写作《彼得·潘》的灵感来源于孩子。巴里喜欢牵着狗漫步在花园中，在那里他经常遇到三个小男孩：乔治、杰克和彼得。正是那三个男孩触发了他的写作灵感。

所以，对于作家写作来说，灵感是一定有的。

那么，所谓写作灵感是什么？

可能是一瞬间的被某处风景、某个人的形象所引发的触动，可能是被某种情绪所打动突然想起了某段生活经历、某个人，也可能是某段文字突然让自己想起了一个故事，等等。然后，所谓写作灵感就来了。它就像一个开关，让自己之前如同被淤泥堵住河道般阻塞的思路突然打通了。

于是所有的写作路径变得清晰了，你可以看见远方的目标了，写作仿佛变得如有神助，从此顺了。

但一个写作者，不能坐等灵感。

因为越了解灵感，你就越会发现，所谓写作灵感，要想让它频频光顾，绝对不是像漫画中所讥讽的那种写作者，躺在草地上呼唤就可以来到的。

要想让灵感光顾，必须满足这样几个条件：

第一，你打下了思考基础。

你为这次写作苦思冥想了很久，你用全身心的准备和全部力量去呼唤这件事情。即所谓吸引力法则——当你思想集中在某一领域的时候，跟这个领域相关的人、事、物就会被它吸引而来。

有些作家在写作时一直在思考某个情节，日思夜想，然后在睡梦中突然得到了一个灵感，醒来后赶紧记下来——说的就是这个道理。

第二，灵感更容易光顾那些有写作功底的人。

有一个段子说，优秀的演员不能等到有灵感才演戏，优秀的作家也不能靠灵感来写作。而恰恰相反，一个优秀的演员，只要摄影机一打开，导演一声令下，他就能立马进入角色状态，该哭就哭，该笑就笑。

这时候所谓来了灵感，更像一个职业化的程序员操作指令一样，优秀的演员和优秀的作家知道不能靠神灵赐予灵感，而是要靠自己创造灵感。

之所以能做到这样，就是因为优秀的演员在镜头前反复演练了，优秀的作家日复一日地坐到桌前写作了。那脑海里的"一声令下"，就像一个呼唤灵感的仪式。

对于写作者来说，与其相信灵感，不如更相信后天的训练

美国高产作家斯蒂芬·金在自己的创作生涯回忆录《写作这件事》中说过，自己在每天早上的一个定点时间，会准时坐到桌前开始写作，而且每天必须写满一定的字数。因为他觉得这对于一个作家来说，是一个基本的要求。

路遥在《平凡的世界》的创作手记《早晨从中午开始》中也说，一个作家写作就像一个工人每天早起去工厂劳作，像一个农民每天早起去田间劳动一样，除了像个老黄牛一样默默耕种，还能怎样呢？

英国埃克塞特大学以心理学家迈克尔·霍教授为首的科学家们断言：**一个人的文学成就，至少一个散文作家的文学成就，几乎百分之百是靠锲而不舍的劳动精神获得的。**他们对一些大作家的传记进行研究，得出的结论是：**所谓灵感对一些杰出作品的诞生所起的作用微乎其微，那些作品能问世首先靠的是作家实际的熟练技巧。**

你会观察到，那些优秀的、成功的作家，不会完全依赖灵感而写作，而是每天坚持做到：

- **不管怎样，每天坚持写作一定字数。**可能是3000字、5000字，甚至10000字。给自己设定一个写作目标，只要没有完成，哪怕加班也一定要写完。

- **每天准时选择一个时间段坐到桌前，开始一天的写作。**有些人晚上思维最清晰，有些人一天的早起时段精力最充沛，不论哪个时段，他们都会创造一个属于自己的、独有的创作灵感最容易光顾的时段。

- **日复一日不断地进行写作训练。**每天坚持，有一天就会发现，自己不会再依赖灵感来写作了。写作就会变得职业化，变得像呼吸空气，像一日三餐一样自然，只要坐到桌前，就能开始写起来。

只有这样，才是一个写作者最好的状态。

激励：写作自我激励小技巧

如果一个写作者的状态陷入低潮时，有什么样的激励方法可以让写作顺利进行下去？那些著名作家创作不下去时，都有些什么样的怪癖或者习惯？

大多数作家的习惯是抽烟，烟雾袅袅中，思绪飘忽，灵感往往就在一种顿悟中降临。有这个习惯的代表性人物是鲁迅，因为过量吸烟，以至于损害了身体。

一位作家朋友说，他创作不下去时就使劲喝水，结果把肚子都喝鼓胀了。

还有个作家朋友的怪癖是抠指甲，写作陷入停滞时，他就抠指甲或者修剪鼻毛等。看似不雅，其实都是凝神静思，休息大脑的好方式。

我非常欣赏钱锺书的夫人杨绛的习惯。她在自己的文章中这样写道："当我写不下去时，我就去楼下来回散步，或者去看看天上的星星，看看天井里的月亮等。有时，我们也会一起去'探险',所谓探险就是去走一些以前没有走过的路,获得新鲜感。"

在我看来,写作者掌握一些激励小技巧,会让你的写作更容易继续进行下去。

作家刘同说过他的一个激励自己写作的小技巧,他还把这个小技巧应用到健身上。那就是:每次写作和健身之前,他先给自己定一个小目标,如果完成这个小目标,就会给自己一个小奖赏——可能是一顿甜品、某个小礼物;也可能是去看一部电影,等等。

我有一个作家朋友,激励自己写作的小技巧是,偶尔写累了,就故意(本来网络上也可以操作)散步到家门口附近的ATM机上,查询一张银行卡里的数字。然后勉励自己说:"这个月又来不少稿费了,要继续加油啊。"或者对自己说:"看这个银行卡里的数字,离成为马云还遥遥无期呢。有什么理由懈怠,继续加油吧。"

导演刁亦男说自己在写作时,会通过音乐来激励自己。他会打开音响,反复听一些经典音乐,让自己的身心沉浸在一种写作情绪中。

还有一个朋友,他的激励小技巧就像日本电视剧《排球女将》中的小鹿纯子那样,每写完一篇文章,他就举起右手并成拳头,对着空中大喊一声:"加油!"这样能让身心突然振奋一下。

这里说到写作中的激励小技巧,就不可避免要提到心理学上的延迟满足。

曾经有一个著名的"棉花糖"实验：心理学家将幼儿园的孩子单独留在一个房间，房间里摆一个盘子，盘子里有棉花糖，并告诉孩子："我有事要离开一会儿，待会儿如果我回来的时候，棉花糖还在的话，就会再给一块棉花糖作为奖励。但是呢，如果你们实在想吃的话，也可以选择按铃，然后直接吃掉棉花糖。"这个实验最后的结果是，大约只有三分之一的小朋友抵抗住了诱惑，等心理学家回来，得到了两颗糖。大约20年后，心理学家对当年参加实验的孩子进行了后续跟踪调查，发现当年抵抗住诱惑的孩子，都拥有了更高的学历、更健康的体重，SAT成绩也比直接吃掉棉花糖的孩子平均高出210分。

为什么？

因为前者拥有延迟满足的能力。

写作有时是枯燥、乏味的。所以，你会观察到许多写作者为了躲避这种枯燥，一会儿去刷刷微信朋友圈，一会儿去看看电影，或者一会儿又去享用美食等，总之，各种潜意识的逃避。

结果一天的大半时间过去了，还是一个字也没有写出来。

这样的状况周而复始，最后年初承诺的写作目标，到了年末一看，一个也没有实现。然后把目标再改下日期……

所以，为了达到目标，就需要学会延迟满足。

可以有奖赏，但不要在任务没有完成之前，先去享受奖赏。

甚至，要有意识地先苦后甜。这样得到的奖赏和激励，幸福感才更容易爆棚。

谋生：如何平衡为钱写作和为兴趣写作

记得10多年前，我去参加一个打工者文学沙龙。

现场来参加沙龙的许多人都是文学爱好者。当天讲座的是一个我从来没有听说过的女作家，她在台上慷慨陈词，鼓励台下的打工文学爱好者们，要为文学而献身。

她说："文学是你们的灯塔，是你们的生命，是你们的眼珠子。"

台下的文学青年们一个个听得两眼发亮，如同被传销洗脑一般。

后来有一个30多岁的男子现身说法。他说现在自己工作也辞了，每天窝在北京肖家河的工棚里写诗。他说自己为了文学的庄严，绝对不能去做一些"为稻粱谋"的俗务。

那么生计怎么办呢？

我大概听明白了。他的妻子为了支持他的写诗梦想，白天在一家餐馆打工,晚上去天桥上卖袜子贴补家用;他在老家的父母都70多岁了,像保姆似地替他照看留守在家的儿子,每天还要下田劳动,风来雨去。

那个庄严的、一脸悲壮的文学圣徒讲述自己的经历时,台上讲座的女作家居然为他频频点赞,台下的文学青年们也都为他喝彩。

我当时有点懵了,怎么可以这样?

一个人的写作梦想,怎么可以建立在妻子为自己"化成泥",白发父母不能赡养的地步?如果一个人的写作梦想自私成这样,那么在我看来,还不如先去找一份工作,养活自己要紧。

由此,我想到许多人都有的写作困惑:

- 写作不能养活自己之前,我要不要全力以赴投入写作?
- 在写作中的一些阶段,我是为了兴趣而写作,还是要为钱而写作?

在北京这个城市,有大量的写作青年。

我认识许多来到北京寻找写作梦想的人,他们经常问我的第一个问题是:"我应该在这个城市,如何开始我的写作之路?"

我经常对他们说:"不管你是单身还是已婚,都应该先去找一份工作养活自己或者养家,然后用业余时间来写作。直到写作的收入可以让你衣食无忧，能承担起养家的重任时，再来做一个职业写作者。"

先去找一份工作养活自己和家庭

为什么要先去找一份工作养活自己和家庭？因为如果你连基本的生计都不能解决，你的写作底气不会足，你会缺乏安全感，会心慌。当你的心不能安顿和平静时，你的写作可能也无法进行下去。

我有一个写作的朋友，他原以为专职在家写作可以更有效率，结果却发现，自己每天都在担心"今天万一写不出东西，没有收入怎么办"，这种焦虑的心境反倒让他经常一个字也写不出来。

而且，在写作初期，我特别不赞同一个写作者过早地脱离社会生活，把自己关在房间里。

生活是写作最好的源泉。如果你没有丰富的社会生活，没有丰富的与人打交道的经验和体会，你怎么会对人生、对社会的观察更深刻？

当然，最重要的是，我们不能将自己的写作梦想，建立在牺牲家人的生活质量上，自私地让家人为自己的写作梦想买单。

我一直觉得，先养活自己，这是任何一个写作者最起码的责任。

然后，还要能照顾家人。

因此，这也涉及第二个问题了：当写作能力无法足够支撑自己随心所欲时，在一个人的写作生涯中，要不要阶段性地为钱而写作？

可以先为钱而写作，但君子要写之有道

我认识许多闯荡北京的作家，在为生存所迫的一些阶段，都做过许多为钱而写作的事情。比如20世纪90年代，有一套丛书，据说就是在书商的邀约下，四五个作家共用一个笔名，专门写通俗小说，有点像民国时期张恨水等人的鸳鸯蝴蝶派。

我的老乡古清生闯荡北京时，也是先为生计考虑。他曾经和宋强等人，应书商邀请，合作了一本畅销书。这本书在20世纪90年代大卖。但因为没有预估到后来畅销的程度，几个作家只拿到几千元的一次性稿费，倒是书商赚了个盆满钵满。

号称中国第一自由撰稿人的汪继芳，刚开始闯荡北京时，也是先选择专门给高稿费的期刊（诸如《知音》《家庭》《华西都市报》等）写稿，并且后来还带动了20世纪90年代一大批自由撰稿人的诞生。

所以，在我看来，**作为一个写作者，如果你在成名之前需要先解决生存问题时，完全可以先为钱而写作。**

但是,君子爱财,取之有道。为钱写作,不能做触犯法律和有违道德的事情。

为钱而写作,没有什么矮人一等的。就像如今的许多网络作家那样,尽管许多主流的文学作家不承认网络小说的写作是写作,经常斥之品味低下、程式化等。但不得不承认,许多网络作家年收入上千万,赚得盆满钵满,让有些"吃不到葡萄说葡萄酸"的所谓纯文学作家们羡慕不已。你不能否认一个写作者先保障基本的生存,再去谈理想,这比起那些将写作理想建立在牺牲亲人的基础上的写作行为,更来得合乎情理。

孤独感：写作的孤独感如何克服

相信许多写作者都有这样的体会：

一个寂静的下午，你枯坐在屋里，屋里只有闹钟嘀嗒嘀嗒的声音；你望向窗外，有鸟儿在展翅飞翔；你再站在窗户旁，望向楼下的街道，一派车水马龙的样子。但此时，唯有你独坐在安静的屋里，好像被全世界抛弃了一样。

此时，一种巨大的孤独感会不可阻挡地袭来。你会想，为什么我要选择这样一条孤寂的道路？你也可能会想，要不要离开这安静得让人发疯的屋子，出外去寻觅大好春光？

但理智告诉你，你必须克服这种孤独感。如果"今天不是写作天，明天也不是写作天"，这样日复一日，年复一年，你很可能将一事无成。

作家，首先就要学会能够"坐"得住。但是，当这种孤独感袭来时，有时你可能都无心写作。写作因此陷入停滞。

这也涉及一个写作者最关心的问题——写作的孤独感如何克服？

写作时感到孤独是正常心理

路遥的创作手记《早晨从中午开始》，描述了他在写作《平凡的世界》时，住在延安市一个县城的招待所里。在写作间隙，他也经常会涌起巨大的孤独感。

每当孤独感袭来时，他有时会停下来沉思；有时会去招待所后面的山上，用他的话说是做一些"张牙舞爪"的自创健身操，恢复一下写作的体力；有时他会去读托尔斯泰的日记，从这位伟大作家的自述中，寻找心灵的力量。

电影《白日焰火》的导演刁亦男描述，有一段时间，他在家写作剧本时，有时会反复地听一些自己喜欢的音乐，让自己进入音乐情绪中。这样一方面可以更容易找到写作的感觉，另一方面让音乐来帮助自己缓解那种孤独感。

人是非常奇怪的：有时置身于人群的热闹中时，会特别想一个人待着；但有时长时间一个人待在屋里写作，又会特别渴望那份和朋友交流的热闹。

所以，你会发现，北京的许多咖啡馆总是顾客盈门。一些写作者，宁愿带着电脑去咖啡馆，在喧嚣的人群中写作，也不愿意一个人独自待在家里。因为咖啡馆有人气，不会让写作者感到那么孤独。我的一个经营咖啡馆的朋友说，这是因为咖啡馆迎合了现代都市人"孤独经济"需要人陪伴的需求。

当写作的孤独感涌来，有时会让一个人陷入心烦意乱，让正常的写作无法推进。写作时感到孤独是正常心理。

接纳自己的孤独情绪

我不止一次接到写作者这样的咨询：

为什么我只要坐到桌前就想逃离，忍受不了那份孤独？

为什么孤独感袭来时，我就喜欢让自己心烦意乱，然后会找各种其他事情来占据思绪（比如玩手机，看一些乱七八糟的信息，或者胡思乱想等），来缓解孤独感？

这样一天下来，经常一千字也写不完。如果再这样下去，我岂不是要喝西北风？

这样的感觉，我当然也经常有。当孤独感袭来时，我发现自己能做的就是，要很快认识到它是一种情绪。我会试着观察这种情绪，并且自我安慰：有什么样的职业，不需要有相应的承受和付出？

交警，倒是天天在户外，但不是还得每天风吹日晒，忍受各种汽车尾气吗？

官员，看似有权有势，不也是需要平衡各种人际关系，承受各种施政重压吗？

商人，看似有钱有气派，但他背后承受的经营企业的风险和压力，外人大概很难去体会。

所以，人生没有好走的路，每一条都需要勇气和默默努力。克服孤独感，就是一个写作者要具备的基本素质。

孤独是一种情绪。如果这种情绪来了，我们可以给自己设定一个固定时长，比如让自己沉浸在这种情绪中 5 分钟，这时候你可以去听听音乐，翻一翻别人的著作等，通过这样一些方式来缓解孤独感。

另外，**如果你是实在忍受不了孤独感的写作者，可以选择去一个自己喜欢的咖啡馆写作，这也是一种有效的方式之一。**

我以前采访过中国网络作家富豪榜上的作家柳下挥。他住在海口，说自己每天的写作习惯是吃过早饭，就去自己熟悉的固定的咖啡馆写作。因为他经常去，咖啡馆老板都认识他，会有固定的卡座安排给他。咖啡馆外的风景不错，这样他可以在写作累了的时候，看一眼窗外的风景。

我们都知道法国塞纳河畔有许多知名的咖啡馆。萨特、波伏娃、加缪等许多著名作家，都有在咖啡馆写作的习惯。置身于一大群陌生人的轻言细语中，既能感受到人气，同时也没有熟人社交的繁文缛节。我想，这也是他们减缓写作孤独感的一种方式吧。

学会抵抗孤独情绪的干扰，快速进入写作状态

孤独感来临时，有时对于写作是一种干扰。特别是当纷乱

的情绪涌上来时，瞬间会让人有一种集中不了注意力，写作无法推进下去的尴尬状态。

有写作者告诉我，每当这种情绪上来时，自己特别容易走神，将注意力再拉回到写作状态中，会变成一件特别困难的事情。

怎么办？

其实，写作时注意力转移，是非常自然的事情。关键是，如何重新进入写作状态。

我的经验是：**当情绪被杂念干扰时，要学会养成快速进入写作状态的习惯。**不知道大家有没有看过新闻记者写作的习惯？

一个抢发热点新闻的记者，在采访结束后，是没有条件来让他慢慢写作的。有时，席地而坐，或者在新闻发布厅现场，他们就得迅速发稿。这时候，不管人声多么嘈杂，不管受干扰让自己分心的事情有多少，也必须要养成随时随地，快速进入写作状态的习惯。

此时，正确的做法是：可以先试一下"盲写"。

如果心念太杂，找不到感觉，写作状态不好，就不要先要求自己一下子写得有多么好。先想的应该是：管它好不好，我先一鼓作气将它写出来。不要回头看，也不要管错别字，想怎么写就怎么写。有时，写作感觉和写作思路的通畅，可能就在这样写作时不知不觉地发生。

除了"盲写"，还要锻炼自己快速集中注意力，抵抗干扰的能力。

我曾经采访过《小别离》和《小欢喜》的作者鲁引弓。他说自己以前是报社记者，因为做过多年媒体记者，所以锻炼了快速抗干扰的写作能力。

如何做到像记者快速写新闻稿件一样进入写作状态？你可以试一下这些方法：

- **写作时给自己戴一副隔音耳机。**这样能屏蔽杂音的干扰。
- **给自己某种写作的仪式感。**当然，这样的仪式感绝对不是指写作之时，要熏香沐浴，而是指你可以通过心理暗示提醒自己：我现在要开始写作了。所以，我要关闭手机，我要抛除杂念，聚精会神等。
- **重启写作时，可以做一些简单的热身运动。**我的习惯是，在进入写作状态时，会放一段音乐，跟着音乐跳10分钟左右的健身操。这样在身体发热，头脑清晰，能量旺盛时，很自然就能进入写作状态了。

所以，不用担心孤独感涌上来时，会打扰你的写作思绪。学会观察情绪，然后再学会快速重启写作的小技巧。让孤独感就像写作时天上飘过的一片云——它来了，就让它来；然后你要做的就是，对它说"好走不送"。

睡眠：写作者如何睡一个好觉

睡眠是人生的大事。睡不好，会如何烦扰一个人的生活，或许怎么说都不为过。

许多作家都患有失眠和神经衰弱症。因为失眠，让一个写作者最终陷入抑郁而选择轻生，这样的例子并不鲜见。

所以，睡觉，对于有些人来说，如同婴儿般困了就睡，饿了就吃，是一件自然而然的事情。但对于有些人来说，非要经历一番痛苦，最后才能达到放松而自然的境界。

我采访过严歌苓，她说有一段时间自己失眠也是非常严重。许知远也曾说过，自己以前经常被严重的失眠所困扰。事实上，许多作家、艺术家都有失眠的烦恼。对于今天身处激烈社会竞争中的现代人来说，失眠更是家常便饭。

2019年，北京朝阳医院睡眠呼吸中心发布的《2018中国睡眠质量调查报告》显示，有83.81%的被调查者经常受到睡眠问题困扰，其中入睡困难占 25.83%，浅睡眠者有 26.49%，有 25.54% 的被调查者被观察到有呼吸短暂停止的现象。我国睡眠问题正在逐年上升，着实令人担忧。

曾经有一段时间，我自己也因为用脑过度，被睡眠问题所困扰。最明显的就是有神经衰弱症状。每晚倒是能很快睡着，但是睡眠质量很差，经常做梦，梦醒后感觉头昏脑涨，然后感觉一天的工作效率极低。

久病成医，这也让我非常关注睡眠问题。研究了很长时间的睡眠，我发现睡眠里面存在各种各样的理论和方法，有些甚至自相矛盾。所以，听信任何一个理论，可能只会让自己更纠结。

比如，一种理论说，成年人每天至少要保证七八个小时的睡眠。但我发现，这样的理论也并不科学。因为有很多人并没有这样做，健康似乎也并没有受到影响。首先，网上盛传的全世界五百强大公司的 CEO 们的睡眠法，比如苹果公司首席执行官库克每天凌晨 4 点就起床，小米集团的雷军也是凌晨 5 点即起床工作。显然，那些高效率的 CEO 们，每天好像都没有睡够七八个小时。

如果这些还都是道听途说的话，那么我的一个采访过张艺谋导演的朋友告诉我，张艺谋说自己每天只睡四五个小时，经常是凌晨三四点左右睡觉，上午八九点起来接着工作。

所以，好像"每天必须七八个小时睡眠"的理论也不一定适合每一个人。

还有一种理论是，每个人必须早睡早起，不能熬夜。但我的观察是，这理论也得换一个角度诠释。

比如，我认识的作家里，熬夜写作的大有人在，而且有的人保持这个习惯都几十年了，但一点儿也没有看出对健康有什么影响。

所以，我想不能熬夜的定律应该换成这样一种说法：不是不能熬夜，而是要寻找到一个适合自己的生物钟。比如，一直习惯晚上工作，白天睡觉的人，只要长期坚持，他的生物钟就已经适应了这种节律。最不健康的大概就是"一段时间早睡早起，一段时间熬夜"这样不规律的生活。

另外，写作者还有一个困惑是：如何提高睡眠质量和如何睡得更少，以便腾出精力做更多的事情。在这方面，我阅读过大量的关于睡眠的书籍和资料，结合自身的观察，我的感受是：

每天只睡四五个小时，同时又不影响健康，是可以做到的

著名的两个时辰（四小时）睡眠法，是著名学者南怀瑾先生的睡眠理论。他认为，一个人真正需要的睡眠时间其实也就四个小时，而且一定要睡"子午觉"：子时（23点~1点）和午时（11点~13点）。至于睡眠时的其他时间，人们大都是在做梦，表面在睡，实则只是头脑昏沉。

日本有一个研究睡眠的专家写过一本书，叫作《高效人士四小时熟睡法》。在这本书里，他强调如果遵循科学的睡眠方法，一个人每天只要睡四小时，就完全可以达到事半功倍的睡眠效果。他的方法除了有和南怀瑾先生的"一定要睡子午觉"的理论相似之处外，还给出了很多睡眠调理建议。比如：不困不睡；白天要将自己的精力用完，这样夜晚才能进入深度睡眠；以及睡觉时如何放松，等等。建议感兴趣的朋友可以找这本书来看一看。

要想保持高质量的睡眠，一定要找到适合自己的睡眠周期

我有一段时间，晚上十一点左右睡觉，凌晨四点左右就醒了。虽然，这时候我已经头脑清醒了，但是出于睡眠一定要睡够六七个小时的心理暗示，我又接着半梦半醒地继续睡，结果反倒发现在起床后，神思倦怠，头脑昏沉。

后来，我一觉自然睡醒后，无论凌晨几点都不再恋床，而起床干活。很奇怪，反倒一天都有饱满的精神，写作效率奇高。

所以，我想每个人一定要找到自己的睡眠周期。这个睡眠周期重要的是自然而然，不纠结，不思虑。

禅宗里经典的修行理论之一就是：饿了就吃，困了就睡。这是一个人活着最自然、最好的状态。小时候，大多数人可以

做到这点，但是成年后，人们思想变得复杂，压力变得巨大，而且手机等现代电子产品又对一个人的睡眠会产生叠加的负面影响，所以睡不好觉的人越来越多。

  对于一个写作者来说，要想睡好，就要恢复这种婴儿般的心态——不纠结，不思虑。上了床，就把脑子清空，让当天的思想和情绪都达到一种"已经死去"的状态。这样，才能有高质量的一夜安眠；第二天起床后，也才能精力旺盛地投入到新一天的写作中。

自律：写作者为什么要像村上春树一样自律？

我有一个写作的女性朋友，半年未见。我最近见到她时，突然发现她变得更年轻、更漂亮了，脸色红润，身材苗条，举手投足之间，有一种清新、自信的气质。

我问她有什么保养秘诀。她说，其实也没有什么特别的秘诀，就是最近这半年的生活过得比较自律罢了。

比如，每天早睡早起，晚上十一点上床睡觉，早上五点半起床去跑步，这样可以让自己有饱满的情绪和能量开始一天的写作。

比如，坚持每周三次去健身房，游泳、做瑜伽、跳拉丁舞。

比如，坚持每周读一本好书，坚持在家做饭等。

朋友说，这些都是特别简单的事情，但往往越简单的事情越难以去坚持。

她说自己之前也有过一段特别不自律的日子。那时,晚上睡觉前,刷完了朋友圈,刷知乎;刷完了知乎,逛淘宝;逛完了淘宝,接着又有好看的剧要追一下……然后呢,睡觉的时候,基本都是凌晨两三点了。结果一段时间下来,有了黑眼圈,长了眼角纹;晚上精神,白天憔悴,整个人看上去老了不少。

还有一段时间,她兴致来了,就去健身房办了卡,热情高涨地去锻炼了几次,但很快便将健身卡束之高阁;然后照旧大吃大喝,下班回到家里就窝在沙发上看电视。时间一长,用她自嘲的话说就是"也变成一个油腻的中年女性了"。

都知道自律的人才能拥有更好的人生,但为什么我们大多数人却难以做到?

日本作家村上春树可以说是写作界的自律模范。他在《当我谈跑步时我谈些什么》一书中说,"打算作为小说家度过今后漫长的人生,就必须找到一个既能维持体力,又可将体重保持得恰到好处的方法"。

村上春树29岁开始写小说,33岁才开始坚持跑步。因为他知道成为小说家,是他的宿命,为了完成这个宿命,需要健康的体魄。于是他选择了跑步,一跑就是近40年。

在他看来,一个小说家最重要的资质是才华,此外,是集中力和耐力——此二者可以弥补才华的不足,也可以通过训练不断提高。而写作就像跑步一样,前期的爆发不足为奇,唯有坚持到最后的人,才能看到终点。

但今天的社会,能提供即时满足的诱惑真的太多了:似乎玩抖音和快手,比读一本需要深度思考的书,瞬时快感来得更强烈;似乎搞一夜情,比需要长时间相互了解培养的爱情,短时快感更强烈;似乎吃薯条、喝可乐,比吃自己精心在家做的一顿晚餐,短时快感来得也更强烈……

随着社会科技越来越进步,仿佛可以提供这种即时满足的事物也越来越多。在这种情况下,做一个长期自律的人,似乎确实不是那么容易。

而且,坚持自律可能短时间看不到效果。坚持早睡的初期,似乎失去了夜生活的精彩;坚持去真爱一个人,似乎失去了一片情爱花园中赏遍百花的精彩;坚持不吃垃圾食品,似乎失去了即时的口腹刺激。

所以,许多人坚持不下来。

自律,一旦坚持下来,你会发现,生命会以更丰盛的礼物回馈你

我那位坚持了半年自律生活的女性作家朋友,之前在过了一段不自律的信马由缰的油腻中年女性生活后,不但她的健康亮起了红灯,而且她的婚姻亮起了红灯。现在,她不仅重新容光焕发,也重新赢回了丈夫对她的爱。

我曾经看过一期《感动中国》的节目，里面访谈了一位卓越的老科学家。那位老科学家说自己年轻的时候，经常生病。后来他想，自己如果要报效国家，要搞热爱的科研，没有好身体是不行的。从此，他发誓坚持天天早起跑步，并几乎是风雨无阻地严格坚持了 50 年。现在，这种自律回馈了他。他作为一个 70 多岁的人出现在大家眼前时，依旧还是红光满面。

那既然知道了自律的人才能最终拥有幸福的生活，那么，如何才能坚持自律的生活呢？我自己的三个自律小秘诀是：

- **坚持写日记。** 每天观察和改进因为当天没有自律给自己的情绪和感受带来的负面体验。比如，睡觉前看手机影响睡眠，那么下次一定要在睡觉前，将手机请出卧室；给手机设置闹钟，每天早晨睡到六点钟起床，养成规律生活的习惯。（开始时需要用到闹钟，后来养成生物钟的规律后，到点就会自然醒了）。

- **坚持写计划。** 每年写，每月写，每天也要写。我都是在睡觉前写工作计划，而且写完后把他们贴在最醒目的地方，用来督促自己。

- **和那些更自律的人交朋友。** 比如健身，找一个特别热爱健身的朋友做健身搭档，让他监督自己。

那些一直坚持自律的人，才能最终拥有更长远的幸福——这一点，已经被证明。你需要做的，就是坚持自律下去。

时间管理：学会记录时间，让写作变得更高效

很多人常常抱怨：时间都去哪儿了？

作家朋友 A 说，有时感觉一天飞快，早上起来刷个朋友圈，发个呆，看个报纸啥的，一个上午就过去了；或者，感觉一天天好像忙忙碌碌，但是一周下来，也不知道都忙了些什么，并不是特别有收获。

我们开玩笑说他"微德"（回复微信的速度）极好，别人给他发一个微信消息，总能在一两分钟内收到他的回复。即使很多时候并不是特别紧急的事情，比如类似一些"最近好吗""在干什么"的平常问询，他好像都形成了一种条件反射，只要微信来消息的声音一响，就立马拿起手机看一看。

结果呢？一上午过去，发现自己一件事情也没有专注地做完，时间就在这种碎片化的东聊西扯中浪费掉了。

作家朋友 B 说，一年都快过去一半了，突然发现自己年初

定的计划，80%还是纸面上的决心。这半年，都不知道忙了些什么。

我问他："你一天的时间是如何度过的？"

他说，看看微信朋友圈，然后打开电脑刚准备写作，一会儿某个网站弹出一条新闻，就忍不住点开看一下。某部影视剧上线了，发来了一个视频弹窗推荐，感觉影视剧很好看，他心里就想，索性不如先看看吧，看完再干工作也不迟。结果，影视剧倒是看完了，但身体也觉得有些疲乏了，又心想，工作也不是那么着急，还是拖到明天再干吧。

一天又一天，就这么度过了。

我们很多人都有这种感觉。小时候，觉得时日漫长，一天天得好长啊，着急自己什么时候才能长大。那时，多么希望时间能流逝得快一些。

后来，真的长大了，却发现时间流逝得太快了。一晃之间，一年又一年。

可是，你有没有发现，比起古时候，今天这个时代的各种科技创新其实极大地方便了我们，解放了我们的时间。比如，你不用去河边洗衣了，出差坐上飞机瞬间就能到达另一个城市了。我们的富裕时间更多了，为什么却感觉时间越来越不够用了呢？

古人有时间"悠然见南山"，有仰望星空、秋夜赏月的诗意与闲情，我们却为什么越来越好像缺乏雅致了呢？

我的微信朋友圈有很多我采访过的名人，我发现有一个规律：越是那些名流，他们发朋友圈的概率越低，而且回微信的速度也极慢。反倒，那些似乎隔一会儿就刷朋友圈的，不是做微商销售的，就是大多闲得无聊的需要刷存在感的。

有个著名作家告诉我，他几乎两三个小时才看一次微信，然后集中回复一下并不紧急的消息。他说："如果有人有紧急的事找我，一定是知道给我打电话的。而实际上，哪里有那么多事情是特别紧急的，需要马上回复的呢？"

所以，不被微信打扰，他可以专注地工作和写作。一天下来，别人觉得好像没有什么收获，他却硕果累累。因为他学会了管理自己的时间，没让自己的时间，被微信等这些现代科技工具，被一些不必要的打扰偷走。

记录时间，形成对时间的敏感

要想不让自己的时间被偷走，或许你可以试试记录时间，看看你一天的时间都是如何度过的。

如果一个人在一生中，养成不断记录时间的习惯，就会发现能对时间的流逝形成一种敏感。然后，就不会浪费时间，就会珍惜韶华。

有一本书叫作《奇特的一生》，讲述了苏联昆虫学家亚历山大·亚历山德罗维奇·柳比歇夫的故事。

柳比歇夫是个奇人，"他生前发表了七十余部学术著作，其中有分散分析、生物分类学、昆虫学方面的经典著作,这些著作在国外广为翻译出版。各种各样的论文和专著,他一共写了五百多印张。五百印张,等于一万二千五百张打字稿。即使以专业作家而论,这也是个庞大的数字。"

另外,他还有探讨地蚤的分类、科学史、农业、遗传学、植物保护、哲学、昆虫学、动物学、进化论、无神论的著作。此外,他还写回忆录……

而且,他还讲课,是大学教研室主任兼研究所一个室的负责人等。

柳比歇夫的一生能够做如此之多的事情,他是怎么做到的呢?

《奇特的一生》记录了柳比歇夫的一个记录时间的习惯,他的典型一天的时间记录是这样的:

地点:乌里扬诺夫斯克。

时间:一九六四年四月七日。

分类昆虫学(画两张无名袋蛾的图)—— 三小时十五分。

鉴定袋蛾—— 二十分。

附加工作:给斯拉瓦写信—— 二小时四十五分。

社会工作:植物保护小组开会—— 二小时二十五分。

休息:给伊戈尔写信—— 十分。

《乌里扬诺夫斯克真理报》—— 十分。

据说，柳比歇夫这样记录时间的好处是，遇到这一天时间管理结果不好的时候，更容易找到缘由，自己的时间到底在哪里被偷走了。

另外，这样记录时间还有个好处，它会使你对时间的感觉越来越精确。也许每个现代人都会感觉"时间越来越快"，而这样的感觉会使我们产生很多不必要的焦虑。焦虑本身没有任何帮助，只能带来负面影响。

而像柳比歇夫这样的一种基于过程的"事件—时间"日志记录，可以调整我们对时间的感觉，在估算任何工作量的时候，都更容易确定"真正现实可行的目标"。

统筹时间，抵抗垃圾信息的干扰

有一位时间管理专家说，我们之所以常常感觉一天下来毫无收获，感觉时间越来越快并且心生焦虑，是因为身处现代社会的我们表面忙碌，其实缺乏对垃圾信息的过滤。

比如，各种社交媒体、软件、网站等都在抢夺我们的注意力，而我们的注意力资源又是有限的。而很多时候，那些信息都是无聊的垃圾信息，看与不看，其实一点也不影响我们的生活。

但是，在争夺稀缺的注意力的竞赛过程中，那些信息会以耸人听闻的标题，各种华丽的、巧立名目的包装形式推送过来，吸引我们去阅读。

然而阅读过后，正如我一位每天都会看大量新媒体文章的朋友感叹说，几年下来，看了几万篇新媒体文章，但让他回想一下，其实都不太记得自己看过什么了。

某个千万粉丝级的网红大号曾经说："什么是新媒体文章？就是要爽感，根本不求走心（能让读者记在心里）。只是一时的情绪挑逗，能瞬间吸引一下读者的眼球就行。"

在这个快餐化的时代里，太多信息就是这样根本不走心地跑到我们面前，抢夺了我们有限的时间和注意力。而最终，你会发现，一天看似忙忙碌碌，其实时间和注意力都浪费在这些垃圾信息上了。

另外，不想自己的时间被偷走，除了减少垃圾信息的干扰，保持对垃圾信息的敏感和过滤外，还要学会随时随地利用时间。

我的一位作家朋友，她对时间的管理近乎苛刻，比如她会利用做家务的时间来听英语。

另外有个写作的朋友，在看电视、听新闻的时候，从来不坐着，会同时做点简单的健身动作，常年坚持下来让身体得到了不少锻炼。

还有个朋友，每天晚上一边出去健步走的时候，一边听各种培训课程。几年下来，考取了好几个培训课的证书。

你看，时间管理其实都是一些简单的小事。但是一天天坚持下来，时常保持一种习惯，日积月累，就会出现很不错的效果。

最重要的还是要保持对时间的敏感，养成一种良好的管理时间的习惯。所谓好记性不如烂笔头，每天学会做细致的时间记录，每天反省自己对于时间分配的利与弊，年深月久，自然会形成一种对时间的敏感，就会自觉地、科学合理地掌控自己的时间了。

这样，你的写作才能比别人更高效，你热情制订的写作计划，也才能有更多时间去完成。

我在刚开始写作时，担任过许多媒体的记者和主编。比如，2001年之前，在《健康人》杂志担任编辑部主任，在《文化时报》担任特稿记者；2001年~2006年，在时尚传媒集团担任专题人物编辑和记者，后来还担任过《东方养生》《BOSS老板》《名厨》等杂志的主编。

在媒体工作，经常会做大量的采访。有时是采访新闻事件，有时是采访娱乐明星，也有时是采访知名企业家等。这些职业化的采访写作实践，让我积累了大量非虚构写作的经验和技巧。我发现，不管媒体形式如何变化，市场上对于非虚构写作优秀稿件的渴求越来越强烈。这一章将重点分享一下我在非虚构写作领域的一些心得。

第三章

非虚构写作：
如何写出有影响力的采访稿

一场完美的采访,需要做哪些准备工作

说起非虚构写作,在这个领域,我已耕耘了20多年。但即使已有20多年的从业经验,有时仍会觉得面对每一场新的采访,似乎都是一趟未知的旅程。

旅程未知,所以更要做足功课。就像去看陌生的风景,你的行囊里该带上一些什么。

第一次采访名人时的紧张,让我至今难以忘怀。

我做记者采访的第一个名人是搜狐的张朝阳。那是20年前,我作为《时代人物周报》的一个记者,刚刚入职不到三个月。

张朝阳那时刚创办搜狐,意气风发。新创办的搜狐在北京最好的地段之一——北京长安街旁的北京长安大厦。

第一次采访这么重要的名人,紧张自然不言而喻。电梯到达搜狐的办公楼层后,因为紧张,我甚至先跑到洗手间去洗

了好几次脸,并在洗手间的面镜前,深呼吸了好几次,最终才鼓起勇气走出来。

后来,我采访了超过1000位名人。因为积累了多年的采访经验,现在我只要一上场,就能和被采访者侃侃而谈。即使遇到一些难缠的采访者,我也总能以自己娴熟的采访技巧应对自如。

做一场完美的采访,需要做好许多准备工作。而有一天,当你把这些准备工作做得烂熟于心时,或许就不再每次都需要那么精细地去准备。但如果你还是一个小白采访写作者,建议下面这些功课还是必须要去做的。

熟悉大量被采访者的资料

10多年前,我曾经采访过著名主持人陈鲁豫。她说自己有一个经验是:常常在快要上场采访时,快速地过一遍助手准备的被采访者的资料,然后很快梳理出要采访的提纲和问题。她的记忆力惊人,这样能保证她在上台开始采访后,根本不需要再对照着采访稿来发问。

那么,如果没有陈鲁豫这样的记忆力的话,一场采访开始之前,要做哪些准备工作呢?

首先,要认真地熟悉被采访者的各种资料。

对于这项工作,我想立志成为优秀人物访谈写作者的人,都知道是必然要做的功课。现在是网络时代,一般普通人的资料在网上都能找到一些，更何况是名人——网上会有大量他过往的信息和资料。即使不是名人，他总有博客、微博，或者微信朋友圈吧，多去翻一翻，总能更多地去了解他。

但一个成熟的采访者，不能只止于熟悉资料，更关键的是，**如何从这些资料中，判断出对自己有价值的信息。**

就像同样看一则央视《法制在线》的新闻（关于电影《我不是药神》中的主人公原型陆勇的故事），编剧韩家女就能看出这个题材的价值，并且迅速将它变成一个超级爆款的电影剧本。而大多数人看了，也顶多只是当成一个有趣的故事而已。

同理，一个敏感的采访者，会从被采访者的资料中，敏感地判断出"哪些信息对我的采访是有价值"的。

判断标准是什么呢？

这个信息，与你想采访的媒体角度是吻合的、匹配的。 比如你是一个婚恋类的媒体，那么就尤其要关注这个被采访者的婚恋信息。

这个信息，具有新颖性或者新闻性。 比如采访章子怡，各种写她的报道多如牛毛，你要再写，是否可以从那些浩如烟海的信息中，找出能让读者感兴趣的独特的角度。

这个信息，能反映这个人物的典型特征，能够更生动地挖掘出人物的性格特点。

说到这一点，举个我以前采访的明星企业家袁岳的例子。

大家都知道袁岳是零点研究咨询集团的创始人，是一位非常成功的企业家。我在准备袁岳的采访时，发现他不仅是非常成功的企业家，而且还是非常成功的跨界达人——他还有主持人、知名博主、旅行达人等身份。

看到这些消息，我想：我能否以"最会玩的大男人，最会玩跨界的企业家"等这样的角度和标签来写袁岳呢？于是，那次采访被我最终以一个跨界袁岳的角度写成文章发表，文章也受到了袁岳本人的肯定。

所以说，提前了解被采访者的资料，熟悉并且分析资料是非常重要的。

做采访提纲

熟悉并分析了资料后，接下来就要做采访提纲了。

你去采访一个明星，一般他的经纪人第一个问题肯定会问你："能否先发一份采访提纲过来？"采访提纲有时就像敲门砖一样，某些大牌明星是否能顺利接受你的采访，你的采访提纲能否打动他，就非常重要了。

对于新人采访者来说，怎么描述做采访提纲的重要性，都不为过。

为什么要做采访提纲？

采访提纲可以帮助你更好地整理思路。就像建房子要画草图一样，采访一个什么人物，提前准备问什么样的问题，用什么样的逻辑结构来提问，哪些是重点问题等，这些都可以在采访提纲中列出来，帮助你厘清思路。

采访提纲可以帮助你化解万一不知道如何提问时的尴尬。我曾经目睹一个记者采访冯小刚时的尴尬。那次采访，他一看就是没有准备采访提纲就上去直接提问的。偏偏冯小刚的个性还是那种用某些记者的原话说是"不是好对付的采访对象"，记者问一句，他答一句，绝无多余的废话。

有时记者问一句话，他就蹦出几个词来结束回答。结果那个记者显然没有料到冯导竟然没有给他思考下一个所提问题的时间，一时愣在那里，想不出下一个问题该问什么——场面气氛相当尴尬。

所以，**准备采访提纲的好处就是，万一碰到不好采访的被采访者，或者碰到自己想不起来的问题时有备无患。**

而一个漂亮的采访提纲要怎么做呢？

要照顾被采访者的感受和禁忌。可能会让他不愉快的问题，千万先不要写在采访提纲里。比如，有些明星就特别讨厌记者问他的婚姻隐私，如果你在采访提纲里，偏偏要去触碰他的雷区，那这个采访十有八九要泡汤。

要有问话的逻辑和节奏。一般来说，不要先问一些敏感问题和核心问题，而是先问一些对方感兴趣的问题，作为采访暖场用。

比如采访明星，他一定对你关心他的作品、帮助推广他的作品非常感兴趣，那么先和他聊聊作品显然更容易打开话头。

一篇好的采访提纲，实际就是文章大纲。所以，要知道哪些是重点，哪些可以一带而过。写文章，也像画山水画一样，该浓墨重彩的地方，一定要浓墨重彩；该寥寥几笔之处，也一定要寥寥几笔。因此，需要浓墨重彩的地方，就要反复追问，将问题问透。

另外，**一篇好的采访提纲所提问的问题，应该是会让被采访者很容易接过话头聊下去的。**

我曾经看到过一个小白采访者采访某位大明星时，问的问题基本都是这样的：

你如何理解幸福？

你如何看待生活？

结果，那位被采访者是一个流量小鲜肉，哪里见识过这么深刻的哲学问题，一时目瞪口呆地坐在那里，不知道如何回答。

而成熟的采访者，在做采访提纲时，假如他也同样想问以上两个问题时，会把这两个问题具体化，换成这样来提问：

在你的微博上，看到你经常喜欢在家里做饭，你最拿手的是什么菜？

这样被采访者也好回答，接下来你就可以和他具体地聊一聊他的生活。至于他是如何理解生活这样的问题，不就在他描述他的具体生活时，体现出来了吗？

做好采访环境的准备

好的采访也一定需要一个好的采访环境。就像一个经典采访，央视主持人董倩采访华为的任正非那样，两个人相对坐在一个安静的空间里，面对面而谈。空间里没有别人，安静，明亮，温度适宜。

主持人和被采访者保持不超过一米的交谈距离。

这样的采访环境是最佳的。就像我以前约采访对象时，一般会提要求：能不能约在一个比较安静的咖啡馆、会所，或者他的独立办公室里？

有的被采访者是理解这一点的，一般也会答应我的要求。

但大多数时候，越是名人，时间越紧张。如果你所代表的媒体非央视、《时尚》杂志等这些重量级的媒体，他很难会给你安排一个特别的专访时间。很多时候，他恨不得一边同时还在做别的好几件事情，一边接受你的采访。

我采访过的很多明星，往往是一边在他的化妆间准备上场拍戏，一边抽时间接受我的采访。

经常的情境是这样的：

化妆间人来人往，化妆师在给这个明星做头发，我提问，明星择机回答。当我正小心翼翼地向明星提问时，突然"轰"的一声，化妆师的吹风机响起，明星立刻闭上了双眼。这时候,我只能看着他在梳妆台前炽白的灯光照射下的略带疲倦的脸。

这样的采访,往往时断时续,各种被打乱。

那怎么办?

这样情境下的采访,就需要单刀直入,没法寒暄了,要直接问干货。有点像抢问抢答一样——如果你看过那种抢问抢答的节目,就知道你问的问题要简短,而回答者的回答也要简练。

现场要采访到干货,至于写作时如何发挥,如何渲染,那是后续的事情了。

我曾经有一次采访明星佘诗曼,就因为只能在她一边化妆和拍摄时一边采访,于是就只用了10分钟的采访时间,而写出了一篇5000字的采访稿——就是现场采访单刀直入,只问干货,然后再回来发挥。

所以,熟悉被采访者的资料,准备好采访提纲,准备好采访环境(包括在不利的采访环境下如何随机应变)等,这些都是做好一场完美的采访需要提前准备的功课。

如何顺利地做一场采访

上文中，我们讲了一场完美的采访需要做的准备工作。假设你的准备工作做好了，现在就要叩开房门，走进采访间，面对一个你可能以前只在电视机前才能看见的名人，开始你的采访之旅。

这个采访能够顺利进行而不遇到尴尬时刻吗？

会碰到不友好的采访对象吗？

会根本问不出你所想要的答案吗？

接下来，我就告诉你，如何做一场顺利的采访。

开场决定气场

不得不说，有些人先天就非常放松，比如沈腾这样的演员。我以前看过一篇《南方周末》的记者写他的报道，记者一走进采访间，沈腾就很自然地扔过来一颗枣，问记者要不要也来一颗。

显然，这会是一个愉快的采访开场。

但是像沈腾这样能够帮助记者愉快开场的被采访者，显然很少。大多数时候，你遇到的采访对象可能是这样的：

他很严肃，一言不发，冷峻地盯着你。仿佛你是挑衅者，他担心你会问出任何带着子弹的问题。

他很高傲，在他眼中，你只是一个小记者，仿若空气一样。他走进来，随意地和你打个招呼，手里却没有停下玩他的手机。

他很话痨，简直像个电动娃娃。我记得有一次去采访某个喜剧演员，去她的家里采访时，她一直在和我聊闲天，仿佛忘了我是来采访的，根本让我插不进嘴。

他很戒备，甚至连他的经纪人也是。一群助理盯着你，仿佛随时准备在你提出不利于他们的问题时打断你。

还有，你不得不说，有些人的气场是先天强大。当你初次见到他时，他的气场可能对你会是一种压迫，让你感到紧张。

记得我有一次采访唐国强，那时他已经是家喻户晓的演员了。那天，他陪太太到月坛附近的一家医院看病，抽出一点时间在医院外的花坛里接受我的采访。

唐国强是饰演毛主席的专业户，我相信大部分观众，都会认可他演得太像了。所以即使像我这样采访过许多名人的记者，初次见到他，也依然能感受到他身上那种多年饰演领袖而形成的强大气场。我有点紧张，自然是难免的。

这么多年采访下来,关于如何在采访时开场,我的经验是:

一定要学会先寒暄。其实这和两个人开始商务谈判有点像,一上来就单刀直入谈判,大部分人会接受不了。所以,英国人流行的社交玩笑是,先上来聊聊天气,夸奖一下女士的着装,还有昨晚的棒球赛。这些都是保险的开场方式。

一定要学会将聚光灯打在对方身上,先聊对方感兴趣的话题。至于什么是对方感兴趣的话题,相信你决定去采访一个人时,一定非常清楚。一个演员一定对你谈论他的戏感兴趣,初为人母的一定会对先谈谈她的孩子感兴趣等。

还有,要找到最佳的交流气场。

什么叫交流气场?一定是让双方都舒服、放松的。记得有一次我走进一个被采访者准备的采访间,立刻觉得对方的安排有问题。对方安排的是一个长条沙发,如果我和采访对象一起坐在沙发上,那我们都要扭着脖子,而且双方的距离太近,会让彼此感觉到压迫感。

于是,我立刻要求加一把椅子,自己坐到被采访者的对面。经过这样的调整,我们的采访才顺利开始了。

谈话要在同一频道上

好了,现在如你所愿,顺利开场了。谢天谢地,如果这个采访对象一切积极配合还好说;但如果这个采访对象很不配合,你会觉得简直糟心透了,甚至可能紧张得汗流浃背——

这场期待的采访似乎要泡汤了。

因为他可能是这样的:

滔滔不绝,完全如入无人之境,根本不会给你提问的机会,就好像只是他在独自演一场脱口秀。如果这场脱口秀的内容是你需要的还好,怕就怕在大部分"是正确的废话"。

记得有一次采访某位知名演员,对我来说,是特别希望问到一些细节和故事。但是对方一直在说"理论"。每次我的问题提过去,对方都是顾左右而言他,就是不回答有关生活细节的内容。这哪里是我想要的?!

有时,他可能又是一言不发的。

记者圈里,都盛传冯小刚、姜文、王志文是极难采访的对象。有同行曾经告诉我,采访姜文时,你问一句,他答一句,惜字如金。如果记者的提问跟不上,场面就会非常尴尬。

这样的采访做下来,除非写成对话体式的文章,不然你都不知道如何去写了。

还有的采访对象,总是希望牵着你的话头,引到有利于他的话题方向。

我做过一段时间的娱记。都知道一个好的娱记,一定是要想办法问到明星的隐私,要追问到独家爆料的内容。明星当然也知道这一点,你想问细节,但往往他就偏偏答非所问。

你问:"你有女朋友吗?"

他答:"其实,每个人都是渴望爱情的,爱情是一个非常奇妙的缘分。"

你问:"有媒体报道,说你和××分手了,是真的吗?"

他答:"幸福是很难说的一种感觉,每个人的理解都不同。"

你心里会忍不住嘀咕:"能不能痛快些告诉我,到底有还是没有?"

但是请相信,如果你不会巧妙地提问,他是一定不会告诉你这一点的。

我做过一个最奇怪的采访。被采访对象是广东人,说一口不标准的普通话,我连猜带蒙,他的每一句话能听懂20%就不错了。可以想象,即使采访时录音了,但这次采访也还是基本失败了。

要有临机应变的应对策略

采访时遇到不配合的采访对象,怎么办?

我曾经采访某位名人,他对我的问题一直答非所问,眼看着半个多小时过去了,这个采访简直没有办法再做下去了。

我决定坦白地和他沟通。

我突然关掉采访机,站起来,对他说:"如果你觉得确实不方便接受我的采访,你可以直接说。但我不希望你是以这样一种方式回答我,这样让我觉得你根本是在应付我。"

他有点愣住了,显然没有想到一个记者可以这样单刀直入地指出这一点。他随即做了一个自我解嘲的微笑,摊开双手,示意我继续。然后这个采访就顺利地继续下去了。

这段采访经历告诉我,**有时如果碰到一个喜欢兜圈子、不配合的采访对象,不妨直接告诉他,你不喜欢这样的方式。**有些名人,见过的记者太多了,在他没有对你的实力做出判断之前,会打打太极,虚晃一下——这是他的公关策略。

遇到话少的采访对象,怎么办?

我相信那些回答极其简练的被采访者,可能还真是天生话少。很多人和聊得投缘的人,口若悬河;和不投缘的人有可能半句都嫌多。

所以,当你问一句,他答一句时,与其抱怨对方,不如想一想:"我有没有找到他感兴趣的话题?我有没有调动他的情绪?我有没有让他进入和我相同的一种采访气场中来?"

以下这样的一些微表情和微动作,可以帮助你调动他的情绪:

做一些手势和肢体动作,比如头向前倾,目光专注地看着他;

时不时地开一些玩笑,即使他没有笑出来,你自己也要放松地笑一笑,让他感受到你的放松。

遇到话痨的采访对象,但说的都是那种"正确的废话"、空话时,怎么办?

这时候,你的话题干预和引导就非常有必要了。

我曾经目睹一个缺乏采访经验的记者,当他面前的被采访者口若悬河、滔滔不绝,又毫无逻辑,散漫得仿佛自说自话时,他措手不及地拿着完全失去功能的采访提纲,愣在那里,不知该如何是好。其实,这时候他就需要适当地抓住对方语气停顿的片刻,迅速将话头引回来,重新掌控采访的主动权。

有时,就像一个主持人会毫不客气地打断一个不明事理、不顾发言纪律的演讲者一样,如果你碰到一个话痨的采访对象,很长时间他都不给你提问机会,不妨直接打断他,将话头引到你需要的方向上。

当然,这个技巧又不能一概而论地去运用。

如果有些被采访者,他很懂得你需要什么,他又擅长脱口秀,表面看他似乎在自说自话,但说的都是干货,或者有料的内容,那么这时候,你不妨就做一个安静的倾听者。

我采访过知名编剧史航,他口才极好,反应非常敏捷,那天的采访非常完美。史航好像知道我需要什么,每次一个问题刚问完,他立刻回答得又准确又有料。甚至他还故意要多讲一些细节,讲一些故事来佐证他的观点。所以,那天基本上都是他在说。当我回来开始写采访稿时,发现几乎能够一气呵成。

顺利地做一场采访并不容易,需要不断地训练。

一场顺利的采访,需要你敏感,具有同理心;需要你随机应变;需要你营造放松的气氛;还需要你学会倾听等。去努力学习这一切,做个优秀的采访者吧。

如何整理采访后的素材

恭喜你,顺利做完了一场采访。

你可能获得了珍贵的录音文件。如果对方是一个细心的、职业化的采访对象,甚至他还会提供你一些之前别人写的有关他的采访稿。

采访对象对你的写作满怀期待——希望在你的笔下,看到一个不一样的他。

拿到了这些素材,你该如何整理呢?

选择对自己有用的素材

在采访后如何选择对自己有用的素材?我的建议是,选择和你做采访提纲时的切入角度相吻合的素材——你决定选择什么样的写作角度,决定了你在素材的汪洋大海中,要挑选什么样的素材。

记得有一次采访小提琴家吕思清。许多记者写有关吕思清的稿件时，都会从他的音乐追求、从艺道路等角度着手。但我在搜寻有关吕思清的采访素材时，发现他不但是一个杰出的小提琴家，还是一个红酒爱好者。我想，为什么不可以从这个角度写写吕思清呢？一个热爱红酒的音乐家，一定也是一个懂得享受生活，富有生活品位的人。在他看来，红酒与音乐之间有什么异曲同工之处呢？所以，我的采访基本就是围绕着这个主题来展开的。

吕思清非常配合地接受了我的采访，讲述了大量有关他和红酒结缘的经历，以及他生活中的一些趣事。拿到这些素材后，我围绕着他和红酒的故事来整理素材，即使在写到他的音乐时，也只选择音乐与红酒之间有关联的内容——即使他的小提琴享誉国际，我也一笔带过，不作重点——重点始终围绕着他和红酒之间的关系。

将素材组合成为一篇精彩的稿件

还是像我前文引用的烹饪大厨做菜一样，一位高明的厨师拿到一堆食材，他会先判断：哪些是主料，哪些是配料；哪些要在摆盘的中心，哪些要做衬托红花的绿叶。对于人物访谈稿的写作来说，组合这些素材时，你得首先确定，准备做一道什么风格的菜。

这其实也是回答一个问题：对于这个采访人物，你的写作角度是什么？

就像我写作吕思清的稿件，如果角度选择的是他和红酒之间的关系，那么我会重点关注以下这些素材：

他在品红酒的这些年，有哪些有趣的故事？

他对红酒有些什么样的独特感受和观点？

他觉得红酒和音乐之间有些什么样的关系？

他对于红酒的文化素养和生活品位在哪里？

在我的采访素材库里，能满足以上这些我重点关注的素材，我就组合起来大写特写；而不符合我重点关注的素材，我会将之辅衬在其中，有时甚至一笔带过。也就是，组合这些素材时，还是像我前文说过的，就像画画一样——该浓墨重彩的地方，绝对不惜笔墨；而无关紧要的地方，就轻轻一笔带过。

判断素材的独特性

互联网时代信息发达，对于一个名人来说，可以说基本无隐私，能写的内容几乎已被别人扒完了。即使你要采访的不是名人，而只是一个普通人，也会面临同样一个写作难题：如何写出独特性，而不是像流水账一样，既不有趣又不独特？

这时候，重要的就是在采访后的素材中，整理出别人没有报道过的素材，或者那些更能打动你的素材。

有一次我采访明星胡军，那时他参演的电视剧《天龙八部》刚播完。许多人都在写他硬汉的一面，但我在采访时，得到了大量体现他硬汉柔情一面的素材，比如他对太太的照顾和体贴，在女儿面前的慈父形象。

我想："为什么都要纠缠于他的演艺形象，何不写一个柔情的胡军形象？"

而且，在采访的过程中，也确实是有关他"硬汉柔情"的内容更能打动我。我深深地感觉到，一个表面再"硬汉"的男人，内心也有柔软的一面——那才是一个所谓大明星更真情流露和日常的一面。

于是，这些素材最终被我挑选出来，写成一篇"硬汉柔情的胡军"的报道。那篇报道当年被许多媒体转载，我想主要原因就是写出了一个在粉丝眼中不一样的胡军。

所以，当你顺利做完一场采访，开始整理素材时，只要把握**"按照采访的角度来组合素材，按照写作内容的轻重来安排素材，按照是否具有独特性和感染力来挑选素材"**的话，你的这篇采访稿，八九不离十将会是一篇不错的非虚构写作稿件了。

非虚构写作的技巧与要领

非虚构写作,一直是媒体写作的热点。近年来,在非虚构写作潮中涌现出了不同的类型,很多作者写出了各种有分量的报道文章,并且形成了不同的写作风格。

我自己也几乎参与了各种类型的非虚构写作。

大体来说,目前市场上非虚构写作主流类型为以下几类。

"知音体"特稿

这类是以《知音》《家庭》《华西都市报》等期刊、报纸为主要媒体的纪实特稿写作。

我们来看一些《知音》文章的标题,就大概能知道这类写作的特点。比如:

《自投法网!百万富姐"唱给妈妈的悲歌"》

《惊恸人心!以死谏父少年魂》

《婚姻保卫战，有个女人横刀立马》

这些纪实写作，一般以猎奇的社会新闻、法制新闻、家庭婚姻纠葛等为主，展现人间万象，以及复杂的人性、人情等。风格有点像中国明末的《拍案惊奇》等，通过一个个生动的故事，来达到让读者警醒和感叹唏嘘的目的。

在讲述故事时，这类纪实特稿，一般以描述性加煽情式的文字风格为主。在故事结构上，会先抛出一个吸引人的结局或者悬念，然后采取倒叙的方式，娓娓道来。

故事的讲述逻辑一般遵循这样的顺序：起因—发展—高潮—结局。比如：

写一个婚外情酿成情杀案的法制类的故事，会先讲起因——男女主人公的生活现状是什么样的，在描述这个现状时，埋下引发冲突的引子；接着讲冲突的发展——双方产生了婚外情，在婚外情的道路上越滑越深，被原配发现，危机一触即发；接着讲高潮——可能是偷情双方决定对原配行凶，可能是原配反杀偷情双方等，终于酿成大祸；最后是结局——行凶之人，最终受到了法律的严惩。

写作这样的特稿，有两个关键点要把握：

1. 要把握住题材的新颖性和正能量的导向。我曾经写过这样一个故事，叫作《老夏和翠娥的爱情》。

他叫老夏,是20世纪40年代的东北老兵,大时代动荡,让他飘落到了我国台湾。

她叫翠娥,是台湾本地的美丽少女,活泼开朗。

70年前,他们在台湾一见钟情。

一个有着东北男儿的俊朗挺拔,一个有着宝岛女子的婉约清灵。

然后,他们结婚了。

生儿育女,辛苦持家。最艰难时,为了养家,老夏连五分钱都舍不得花。

老年的老夏得了阿尔茨海默症,他几乎什么都不记得了。

只记得两件事情:

一是和他相伴了近70年的老伴翠娥。

一是再也没有回去过的东北老家。

他一刻也离不开翠娥,翠娥要去菜市场买菜,因为要过三个红绿灯,他在家如坐针毡,因为担心翠娥会被车撞到。

翠娥要去朋友家打一会儿麻将,他像一个小孩子一样不情不愿,因为看不到翠娥,他心慌慌。

最终老夏走了,只剩下翠娥一个人。

……

在一起相濡以沫相伴了近70年的老夏和翠娥的故事,感动了无数网友。很多人表示,老夏和翠娥,让他们相信了爱情。

我之所以选择这样一个题材写作，就是想在一些明星出轨、离婚等事件经常刷屏时，通过这样一个暖心的故事来让人们相信爱情的存在。

2．要重视细节。细节是这类文章的生命，**要像画山水画一样，大处着眼，小处着手。该一笔带过时，要一笔带过；该浓墨重彩时，要大写特写**。所以这就要求此类特稿作者采访时，提问要特别详细，要有一种打破砂锅问到底的坚决。这样在具体写作时，才能有丰富的素材。

以《人物》等杂志为主的人物纪实报道

这类是指以《南方周末》《人物》《南方人物周刊》等媒体为主的人物纪实报道写作。

我之前的一个同事，曾任《南方人物周刊》高级主笔的易立竞，她的一篇人物纪实报道《病人崔永元》，曾经引起巨大反响，也奠定了她在人物采访写作领域的江湖地位。

国内的媒体中，《人物》《三联生活周刊》《中国新闻周刊》《南方人物周刊》等媒体的记者，在采访人物的写作上，功力很是非同一般。

我以前联络采访罗永浩时，听他的助理说，罗永浩对采访他的媒体特别挑剔，但是如果是《人物》《南方人物周刊》的记者采访，他基本上都是答应的。很多名人也以能够被这几家媒体采访为荣。

《人物》等媒体的人物纪实报道写作特点是:

1.文风严谨、扎实,报道客观,具有新闻人的理性精神。 有时为了一篇稿件的采访写作,记者会花费很多时间,来积累大量的采访素材。

2.总是能挖掘到大众感兴趣的一些细节和故事,敢说敢言,为大众还原真相。 因此,一篇文章,动辄取得巨大的社会反响。

3.具有新闻人的悲悯和人道主义精神。 就像有些获得美国普利策新闻奖的人物报道那样,记者愿意将自己的写作,看成是社会的瞭望塔,愿意关心弱势群体,关注那些遭遇不幸的普通人。

人物纪实报道的写作技巧和要领是:

1.首先找准采访要点。

即为什么要做这个选题,要通过这个人物来反映什么。

试以上面我提到的引起巨大反响的《病人崔永元》这篇人物纪实特稿写作为例。大家都知道有一段时间崔永元自曝患有抑郁症,易立竞通过7个多小时采访崔永元,还原了崔永元的真实心路历程,让人看到崔永元的另外一面,同时还有他的思考和呼吁等。再加上崔永元的名人效应,自然引发读者共鸣。

2. 写出人物的个性。

我以前采访一个知名人物时,他大大咧咧地说:"你随便写,不用将稿件给我看,反正记者写出来的,都不是真实的我。"

从他的话语中感受到了他对记者采访写作的失望,这让我警醒。如果一个记者能通过大量事实的还原,加上自己敏锐的洞察力,做到让被采访者感叹"他写出了真实的我"那这篇采访稿,就相当成功了。

如何能做到这一点?只有下更大力气,做更多的采访准备工作。

3. 让读者对人物的命运产生共鸣。

读者想读一篇人物报道,不管是名人还是普通人,一定是有一个阅读需求在里面:可能是获得真相,可能是被启发,可能是被激励,也可能是被感动,等等。

所以,这就要求作者写作时,认识到这个人物的故事和读者之间的情绪关联在哪里,然后着重表达出来。

在我看来,"知音体"特稿,一般写作者只要了解其规律和技巧,往往就能写好,它更像江湖世俗式写作。但是《人物》等杂志的人物纪实报道,更像学院派的采访写作,需要采访者有更深厚的学识、素养和更深刻的见解。

第三章　非虚构写作：如何写出有影响力的采访稿

综合报道式特稿写作

这类是指以《时尚先生》《GQ》为主的综合报道式特稿写作。

《时尚先生》和《GQ》杂志的前主编王锋曾经是我的上司，我在《时尚健康》供职时，他是我的直接领导。

王锋是《三联生活周刊》最早的一批采编人员之一，后来到这些时尚杂志任职时，将《三联生活周刊》那种扎实的综合报道式特稿写作风格带了过去，特别是他在《GQ》期间，《GQ》的深度报道在业界相当有影响力。

这些报道擅长找准一个领域或者一个行业，通过对众多人物的采访，形成一篇综述性的稿件。最后影响力出圈，不仅在本行业引起震动，也在行业外引发深远影响。

试以《时尚先生》杂志曾经刊载的资深特稿写作者魏玲的《资本寒冬、创业与我们时代的年轻人》为例。这篇文章的开头是这样的：

15个月以来，关于寒冬似有似无的线索像一台报废收音机上偶尔接收到的干扰电波，隔那么一阵就滋滋刺刺、微弱地响上几声。

猛一看，这种综述性报道写作，有点像新闻小说体。这也是曾经在欧洲特稿记者圈流行的一种写作体：带有一定的文学感。它发源于《名利场》《大西洋月刊》《君子》等杂志的写作风格。当时，很多为这些杂志写作的英美记者，他们同时还是作家身份，反对将新闻写得干巴巴，反对八股文般的教条主义和无趣枯燥，他们希望新闻写作能借鉴文学的灵动。

这种综述性报道的写作技巧和要领是：

1.要有更大量的采访。人物特稿式写作可能只需要采访一个人，而综述性特稿需要采访大量相关人物。所以，前期准备的工作量巨大。

2.类似新闻专题一样，要运用多种形式的写作方式。要有综述，要有被采访者的声音和观点摘录；要有数据，要有具体的案例和故事。总之，如果说写一个人的采访报道是独奏，那么综述性的采访报道就是交响曲。

3. 最后还一定需要有写作者个人的判断和观点。所谓客观式采访写作，并不是完全没有立场，恰恰相反，正是因为采访者敏锐地发现了存在的问题，然后通过大量的人物采访来揭示这个问题。就像《资本寒冬、创业与我们时代的年轻人》一文一样，正是作者观察到创业泡沫时期的一些不正常现象，于是通过大量访谈风险投资人、创业者等，最后提出对行业的理性警醒。

一般来说，这样的综述性报道，遵循的结构是：

提出问题：你要表达什么？你得先描述你看到的是什么，

就像《资本寒冬、创业与我们时代的年轻人》一文一样，它先揭示了创业泡沫和资本寒冬中的一些问题和现象。

分析问题：为什么会产生这种寒冬？为什么会产生这种泡沫？作者必须借助对众多人物的采访，来分析这些问题。

解决问题：寒冬和泡沫存在的话，作为创业者怎么办？行业应该如何更健康地发展？作者除了通过采访让专家表达出来，最终也要有自己的观察和思考。

只有这样，一篇综述性的采访稿，才能做到有案例，有观点，有声音，有数据，有丰富的各种素材，从而对行业产生重大影响。

我最满意的几篇名人访谈稿是如何出炉的

在二十年的名人采访生涯中,我采访过的名人有上千位。要让我说说最满意的几篇名人访谈稿是如何出炉的,我想起了三个人:导演霍建起、贾樟柯和企业家王峰。

采访霍建起:找出他本人特色与作品的结合点

霍建起可以说是中国最具有个人风格的导演之一。他的代表作有《暖》《秋之白华》《那山那人那狗》等。《暖》和《那山那人那狗》,不但在国内的文艺青年群体中影响很大,而且在日本上映后,获得了极高的票房,成为现象级的影片。

我第一次采访霍建起,是在他位于北京电影制片厂的工作室里。他微胖,气质慵懒而松弛,半靠在沙发里,说话不疾不徐。我和他聊他的电影时,突然想到,霍建起的作品,最大的一个特点是"慢",比如他的代表作《暖》《那山那人那狗》。一个浮躁的人，是没有办法欣赏到其中的韵味的。

他的作品节奏太慢了——大量使用慢镜头。摄像机缓慢地移动，经常一个镜头盯在主人公的脸上，长久不移开。这有点像日本导演小津安二郎的风格，在其享誉世界的名作《东京物语》中，摄像机也是这样拍摄演员，仿佛时光静止了一样。

这种慢，正是霍建起的独特风格。在一个一切讲究快的年代里，他这种对生活的细细品味，对人情和人心的细腻观察，更具有独特的意义。所以，在以快节奏著称的日本，他的作品能够受到如此欢迎，我想是因为日本观众从他的慢中，看到了一种久违的乡愁和人与人之间的朴素且单纯的情感吧。

我在和霍建起聊天时，就在想，他作品中的这种慢，又是从何而来呢？

慢慢地和他聊着天，我这才发现，霍建起的生活，是和他的作品融为一体的。他是个老北京人，在北京的胡同和大院里长大。小时候，春天看胡同里的玉兰花开，秋天看落叶飞舞，冬天看景山上的白雪。住在红墙绿瓦的古城墙边，他学会了老北京人式的过日子——生活，为什么要赶着过？日子，不是自有其节奏吗？

而且，霍建起平素就是一个喜欢像猫一样宅在家里的人。平时没有什么事情，他最大的爱好是卧躺在家里的沙发上看书。

夏日的午后，风吹动着家里的窗帘，一切充满了静谧之美。我突然想到，我为什么不写一个像猫一样享受慢生活的霍建起呢？慢，不正是他的作品特色，也是他的生活特色吗？而他的慢，和他的作品融为一体，不正是我们这个快时代最可贵的一种品质吗？

于是，就有了那篇我写霍建起的文章：《霍建起——像猫一样享受生活》。

那篇文章在 2006 年的时尚杂志《大都市 METROPOLIS》（男士版）发表后，不但受到了霍建起导演的高度认可，也受到了许多读者的好评。

采访贾樟柯：抓住热点与读者感兴趣的问题

第二个人，我要说到的是导演贾樟柯。

我曾经三次采访贾樟柯。三次采访，几乎都是在他的新作品即将公映的时候。

要写好贾樟柯其实非常不容易，因为他太有名了，各种角度写他的文章太多了。他是文艺青年眼中神一般的存在。

所以，如何写出一个独特的贾樟柯呢？

贾樟柯是一个非常随和的人，每次见到他，他都温文尔雅。属于那种记者眼中特别好采访的采访对象。不管身处何地，他身上好像总有一种自在的、安静的气场，若有所思，不受外人干扰和破坏——这也是我认识的许多名家的一种共有的气质。

我第三次采访贾樟柯，正是他导演的电影《山河故人》快要公映时。他的助手非常细心，安排我做这个采访时，让我提前一天先去看了《山河故人》还没有公映的样片。

观影过程中，我被感动哭了，特别是在结尾部分——赵涛饰演的女主人公戴着眼镜，在汾阳的广场上，旁若无人地随着激昂的音乐跳舞——那是整个影片情绪最高潮的部分。

那一天的采访，我想好了，就紧紧围绕着《山河故人》的拍摄来展开。但我知道，读者一定不希望只是看到贾樟柯拍摄《山河故人》这部电影时台前幕后的故事，还想知道这些年来，他在创作思想等方面发生的一些变化。

那天的采访，先是人物形象拍摄。

在喧闹的大街上，贾樟柯随着摄影师的要求，边散步边做出或沉思或开怀的表情。有人认出了他，上来索要签名，他几乎来者不拒。

拍摄完成后，我们坐在咖啡馆里，开始采访。

贾樟柯非常耐心地回答了我的提问。我的采访问题紧紧围绕着以下三个方面展开：

有关他拍摄《山河故人》的一些创作背景；

他的故事构思和立意背景；

这些年来他的创作心态发生的一些变化。

为什么要这样提问呢？**首先，《山河故人》马上要公映，这是一个热点话题，读者肯定很感兴趣；其次，大家都知道贾樟柯是一个慢工出细活的人，几年才拍一部作品，采访他从《小武》开始，这些年来他的创作心态有哪些变化，有助于让**

读者触碰到一个更新印象的贾樟柯。

那次采访,我写成了三篇不同的稿件,分别在《男人风尚》《家庭》等杂志刊登,都引起了很大的反响。当然,贾导对文章也非常满意。后来我再采访他时,他在众多记者当中,一眼就认出了我。

采访企业家王峰:紧紧抓住人物的价值观

非虚构写作的采访中,采访企业家是最有挑战性的采访类别之一。

在非虚构写作中,对企业家的访谈稿,拥有庞大的需求市场。一方面,因为财经媒体非常多;另一方面,企业家和明星一样,都有高频率的采访需求,这样可以推广他的产品,宣传他的企业。

但是企业家的采访稿,比起明星的采访稿,写作起来其实更有挑战。

因为一般来说,企业家对于他的采访,要求更严谨;有关他的八卦新闻更少;对企业家的采访,还要求记者掌握更多的有关财经、创业、企业管理等方面的知识。

这些年,我采访过的知名企业家有很多,比如袁岳、冯军、潘石屹等人。其中,采访蓝港在线的创始人王峰让我印象最为深刻。

王峰是"金山三杰"之一,与求伯君、雷军都是金山的创始人。后来他个人出来创业,又创办了蓝港互动集团,并且在美国成功上市。

我记得那天采访王峰，是在北京望京蓝港在线的办公室，那里被王峰形容为一个大网吧。数百员工秩序井然地一行一行排开，办公室的墙壁是以天蓝色、橘黄色等几种颜色为主，员工一个个都是特别年轻的面孔——看起来，确实有点像网吧的样子。

这个网吧的头头王峰就在这里接受我们的采访和拍摄。我起初以为采访会很艰涩，但是很快发现王峰是这样一个人：他非常健谈，你根本不需要问太多的问题，只需要想办法打开他的话匣子，然后就可以安静地听他滔滔不绝地讲了。

晚上回来，我躺在床上回味他讲的话，发现几乎没有一句废话。那些看似不经意的滔滔不绝，其实是字字有分量。

我采访他时，摄影师在一边拍摄。这时候的王峰，看起来又像一个修行的佛教徒。我在和他交流时，周围有摄影师，有下属，还有等着被接待的客户。但他看起来始终淡定、放松，自有一种不被干扰的气场。

采访完后，我决定从下面两个维度来写这篇采访稿。

1. 他在职场中的一面

为什么要浓墨重彩地写这一点？因为作为一个企业家，读者最关心的是他在职场中的管理经验、行事风格等。

所以，我这样写道：

> 作为王峰的下属，不但表现在必须适应一个有点像超级

工作狂的上司的工作节奏，而且要忍受他的直来直去和可能随时毫不客气的批评。这一点，有时让他又有点看起来像个喜怒无常的更年期女性。比如，有时候下属做得好时，他会特别高兴地奖赏；但是下属做得不好时，他会毫不客气直截了当地指出来，有时根本不顾及在什么场合，下属的自尊心会不会受伤，下属会不会下不来台。

跟着他的老下属已经习惯他这种直来直去的性格了，但是新认识的人，显然需要一个心理过程去适应，所以王峰现在也学会了妥协——比如，在某些时候，毫不客气地批评一个人，让他下不来台后，转身又"良心不安"地觉得是不是伤害了对方，然后再发个短信去安慰对方，解释一下。

他把这叫作"大棒加胡萝卜"。

2. 他的个性

我信奉一句话：越是伟大的人，性格中越有极端的一面。因此，我想王峰之所以能够取得这种事业上的成功，一定在性格上有其过人之处。

他到底是一个什么样性格的人？有哪些优点值得我们学习？他在日常生活中又是如何严格要求自己？所以，我在采访稿中这样写道：

这种喜欢直来直去的性格，还表现在一些极端的细节上。比如，他不喜欢别人给他打电话，觉得在这个互联网沟通多元化的时候，突然打电话是对别人的一种干扰；他也不喜欢别人在微信上找他时，开头来一句：" 在吗？ " 他觉得这样纯粹是浪费时间，增加沟通成本。" 为什么不直接说事？ " 王峰说。

同时，我也借一些小细节来体现他的个性风格：

如果你以为滔滔不绝爱表现的所谓外向就是王峰性格主要的一面，那你肯定错了。他也有安静闭关的一面。当然，这种闭关不是像修行中的人面壁一样，他形容那是一种独自面对自己和享受孤独的状态。" 一个男人，一定要能享受孤独。我其实不喜欢那种只朝广度而不朝深度走的人。一个有深度的人，一定是一个内敛的人。因为他能够整合和归纳。" 他这样看待自己以及由此延伸的对于外向性格和内向性格的认识。

闭关期间，有时他能够几天都不下楼，也不和人说话。朋友们约他出门，他会借各种理由推托掉。在他看来，许多重大的有关人生，有关事业的决定，往往都是在这样闭关的状态下做出来的。因为那时候的自己更清醒，更有力量。

在采访王峰多年之后，我还记得这次采访对我的激励和打动，更记得王峰身上那种严于律己，努力工作和专注的气场。这是属于一个杰出企业家的气质，它感动了我，写下来，我想也一定能够感动读者。

后来稿件刊载后，果然取得了不俗的反响，被广为转发，至今还能在微信朋友圈里搜索到。

如何给非虚构写作的媒体投稿

20世纪90年代末，正是纸媒兴盛的时候。

那时，以《知音》《读者》《青年文摘》《女友》等为代表的纸媒，经常一纸风行天下，在发行量动辄创造上百万份的骄人纪录时，也让其稿费上涨的速度不断刷新纪录。

在那时，中国人的月平均工资还只有一两千元的时候，那些高发行量的纸媒，很多家就开出了千字千元的稿酬标准。也就是说，一个作者，只要一天写一篇四五千字的文章，稿费收入就可以顶两个普通中国人的月平均收入。

所以，当时涌现出一大批自由撰稿人。

我当时在一家文摘类报纸做编辑，每天的工作就是阅读大量畅销期刊的文章，然后从中选出精华文章。

看得多了，我发现了两点：

第一，如同后来的新媒体写作文章有套路一样，给那些畅销期刊写文章，也似乎有某种套路（或者说，某种规律和技巧）。这让本来就爱好写作的我，也产生了一种想试试写作的冲动。

第二，当时自由撰稿人圈子里流行的一些写手暴富的消息，经常刺激着许多人的神经。比如当时的广西作家阿成，一年光靠写特稿的收入就有近百万元。后来网上甚至流传着一份知名撰稿人名单（我也在那份名单里），以及这些撰稿人是怎样靠写作成为高收入一族的分析。

于是，啥也别说了，写吧。我开始给畅销期刊投稿。

但问题来了，如何有针对性地给媒体投稿？

因为那时我刚走入社会，两眼一抹黑，那些畅销期刊的编辑一个也不认识啊。写出稿件，到底投给谁合适呢？

我发现当时的期刊都有一个版权页，上面写着编辑部的编辑姓名、联系电话，还有编辑部地址等。我就想，能否选定一个编辑，专门将稿件投给他？

有点让人笑话的是，在选择联系什么样的编辑时，我还颇动了一下小心思。

我想，投给主编，主编大人肯定日理万机，不会有心思来看我这种无名之辈的稿件吧？投给一般编辑吧，普通编辑大概在编辑部也没有多少话语权，那是不是发稿优势少很多呢？

所以，我选择按照版权页上的标示，重点投给首席编辑或者编辑部主任。在我简单理解看来，首席编辑或者编辑部主任都是业务骨干，将稿件投给他们，一是他们更容易慧眼识珠，二是他们发稿更有话语权。除非我的稿件确实不行，否则，一般总能发表吧。

而且，那时允许作者使用各种笔名署名。类似80年代初的"雪米莉"等作者那样，我也给自己取了几个女性笔名，比如杜小鹃、露露之类，心想万一对方是个男编辑，会不会因为投稿的是一位美女作者，而加以特殊照顾呢？

有没有因为女性笔名而受到特殊照顾，至今还是一个谜。现实情况是，我的稿件投出去后，非常顺利地，一篇篇很快就发表了。

那些年，我几乎每两三天就会收到稿费单，楼下的邮递员经常扯着嗓子在我家楼下大喊："一门六〇一，稿费。"然后我成了全楼的名人，大家都知道这里住着一个收稿费单收到手软的写作者。

由于写作知名度的打开，开始有越来越多的编辑主动向我约稿了。有外地来的编辑到北京组稿，组织一些作者的饭局，我经常成为饭局上的活跃分子。

很快，我就掌握了给非虚构写作的媒体投稿的规律和技巧。

有针对性地投稿

说到给媒体投稿的心得，在我看来，首先得有针对性地投稿。

不同的媒体有不同的用稿要求和风格。比如，以《中国妇女》《中国女性》等为代表的女性类杂志，经常需要采访的是一些女性名人，或者有故事的女性人物；而以《中国青年》《深圳青年》等为代表的杂志，就需要采访一些有励志故事的青年代表人物；还有些诸如《知音》《恋爱婚姻家庭》等杂志，就喜欢讲述一些名人或者普通人的悲欢离合的家庭婚姻故事。

所以，如果你将本来写给《中国青年》的稿件投给《知音》，两者风格完全不搭，稿件发表不了，也在情理之中。

所以要想让稿件顺利刊发，就要求写作者对媒体进行系统性的研究。

判断自己的稿件是否适合目标媒体

了解了针对性的媒体类型以外，即使稿件风格适合目标媒体，也还要判断你所写的稿件，能否满足目标媒体的一些要求。

同类题材，有没有其他作者已经写过？

这篇稿件，你有没有写出新意和独特性？

这篇稿件，你是针对哪个栏目和版面写的？有没有字数不够或者超量的问题？（有时稿件挺好的，但因为过长或者过短而没有合适的版面刊发，编辑有时也只能忍痛割爱。）

你的稿件，有没有正能量的价值观？（媒体毕竟有宣传导向，稿件写得再怎么精彩，导向不正确也难以发表。）

稿件文笔是否流畅？

稿件是否经过你严格检索，至少将错别字控制在出版规定的限度内？

只有你的稿件符合以上一些要求才能更容易被发表。

关键投稿技巧：先将好稿件投给稿费最高的媒体

投稿，还有一个关键的技巧：先将好的稿件投给稿费最高的媒体。这也是一种合理地让自己的稿件价值最大化的方式。

最开始给媒体投稿时，我曾经听一些前辈说，媒体稿费有高有低，既然都是投稿，为什么不将好的稿件先投给稿费最高的？

能开出高稿费，是媒体的一种实力的体现。

所以，一些有经验的写作者，会将自己写出来的稿件，首先投给那些高稿费的媒体。

如果稿费高的媒体不采用，再投给稿费低一些的媒体。一般来说，与稿费高低成正比，越是稿费低的媒体，对稿件的质量要求相对就越低一些。

有的作者开玩笑说:"市场经济原则嘛,谁给的钱多,我当然将产品卖给谁。"

虽然有些人可能觉得这种投稿指导思想有点"唯利是图",但是"君子爱财,取之有道",我觉得如果是安全、合理的操作,也没有什么说不过去的地方。

到了今天,随着非虚构写作的新媒体越来越多,发表非虚构写作稿件的媒体平台也越来越多了。可以说,一篇好稿子,不少媒体平台都求之若渴。

像《在人间》《人间故事铺》《真实故事计划》《极轴》等数百家非虚构写作的新媒体平台,每天都有发稿需求。如果说纸媒兴盛时代,一家期刊因为一个月才出一期,用稿量有限,那么今天的新媒体时代,天天都在征稿,一个作者只需要给两三家非虚构写作的新媒体平台供稿,就可以活得非常滋润了。

非虚构写作是商业写作中,最贴近新闻真实,最要求对热点和时效性快速反应的一种写作。无论是写人还是写事件,最终都会落到写人上面。所以,要想写出好的非虚构作品,就先要学会写好人物采访稿。

用你的笔来快速记录这个时代的变化,以及这个变化的时代下人们的悲欢离合,对于一个写作者来说,这不是一件特别有意义的事情吗?

我从 1996 年开始写小说，但最开始只是写纯文学，并没有有意识地去想：这一篇小说写出来，能否可以考虑将版权卖给影视公司？

后来因为工作的原因，我接触了大量的影视小说写作者，加上读了大量的影视小说和剧本，于是自己也开始写影视小说和剧本了。我发现，影视小说的写作是有一定规律的。

一个写作者，如果提前了解了这些规律，那么你的小说写作更容易"影视化"，因而会取得更大的反响。

所以，这一章要重点分享我在影视小说写作领域的一些心得。从某种程度上来说，影视小说写作，是让一个写作者最好的名利双收的方式。

第四章

虚构写作：

如何写出让影视公司青睐的小说

什么样的小说是影视公司的最爱

小说影视改编权频频卖出天价

从 2014 年开始,我可以说一只脚踏入了"影视圈",担任过多家影视公司的高管,特别是一些负责 IP 开发和剧本经纪的公司。

不进入这行不知道,原来很多写小说的优秀作者竟然受到影视公司的如此追捧。

中国的 IP 版权市场是从 2014 年左右开始升温的,现在一个比较统一的结论是:有几件事情的发生,让中国的 IP 在那几年突然值钱了。

一是,互联网三大巨头 BAT 的进入。三大巨头收购视频网站,发展网文平台,颇有一统中国影视市场之势。

土豪入局了,自然开始烧钱。

有一段时间,爱奇艺购剧的价格从一集几十万元很快上升到近百万元,购剧价格节节看涨。

一下子,收购影视剧的平台除了各大卫视外,涌进来这么多金主,可以想象对于好内容的需求短时间内是多么高涨。

二是,这些年,影视公司雨后春笋般冒了出来。如果未发生后来2018年崔永元曝光影视圈的偷税事件,那一万多家的影视公司数量恐怕还只能有增无减。

影视公司成立了,就要做项目;而做项目,就涉及对好IP的渴求。毕竟,内容行业,好的创意永远是最重要的。

于是,以前觉得当作家似乎和"穷酸、吃不上饭"等联系在一起的写作爱好者,突然发现写作一下子变得可以挣大钱了。

小说版权费因此也是节节看涨。那几年,传出了很多让人心跳的版权收购现象。

据说某网络作家还只是写了一个标题,其版权就以二百万元的价格被提前预订。还有的作家,比如辛夷坞、桐华、匪我思存、流潋紫等人,一部小说版权卖出千万元的版权费,早已经不是秘密。

有一段时间,各大影视公司和平台抢购和囤积版权作品,有点像当年的房地产市场火热时,开发商囤积地皮一样,纷纷将各大文学平台上,各种一流的、二流的、三流的,甚至七八流作家的IP作品抢购一空。

据说,一二三线作家的稍微知名一些的IP作品都卖光了，后入局的一些文化商人，因为不懂行，只好去抢一些被包装过的垃圾 IP，抢到手后还沾沾自喜，结果好多犹如烂尾楼一样，在这股 IP 热退潮后，砸在自己手里了。当然，这是后话。

从这一点可以看出来，即使这场影视公司的 IP 大战后来有些冷却下来，但是市场上对于好的影视 IP 作品的渴望依然不减。写出一部好的受影视公司青睐的小说，在某种程度上，或许就能够改变你的命运。

写作影视小说和追求作品优秀之间并无矛盾

那么接下来的问题来了，如何才能写出一部影视公司喜欢的小说？

关于写作之前，要不要盯着影视市场去写作，这个争论其实在很久之前就已有之。

有的人认为，一个作家在写作时，一心想着自己的小说如何卖出一个高价，这样的写作最终有违写作初心。

那初心是什么？

仿佛本意是，写作不用考虑市场，只要考虑内心，考虑自我感受即可。

但更多观点认为，其实这之间并不矛盾。

代表性的作家就是严歌苓了。严歌苓的小说佳作有很多，这些年，几乎都成了影视界最受欢迎的宠儿。比如她的小说

《小姨多鹤》《金陵十三钗》《天浴》《补玉山居》等，几乎都被改编成了影视作品。严歌苓的小说都特别具有画面美，很多小说读着读着，那种影视镜头感就呼之欲出。

严歌苓在写作这些作品前，有没有盯着影视改编市场，期待卖出天价？我想她的内心多少有考虑过。

只是，比起那些纯为影视改编而写的写作者，她在文学美感和影视改编之间，取得了一种最大程度的平衡，即文学价值和影视改编价值都很高——相信这是许多有志于写作的人的最高追求。

下面，我们就以严歌苓的小说为例，探讨一下影视公司最喜欢什么样的小说。

优秀影视小说需要具备的一些条件

1. 题材具有新意

同样写南京大屠杀的苦难，之前其实也有不少小说写过这段历史，但是严歌苓的小说则选取了用南京城里的十二个歌舞妓，在国难面前用自己的十二条命，去换取另外十二个如花青春的女孩的命的角度来讲故事。

这样的题材角度，一方面让这个小说具有人性和价值观的升华，感人至深——让人想起二战电影《苏菲的抉择》，还有电影《唐山大地震》中，当只能救其中一个人时，到底救哪个的深沉命题。

另一方面，这样的题材也让人深思——那些尘世中被人称为"坏女人"的女人，真的是坏女人吗？其实，平凡的人在危难面前，也能成为英雄，闪耀人性大爱。

所以，题材具有新意非常关键。

而且，据我观察，在目前的影视小说创作领域，这种老题材能写出新意，越来越重要了。我曾经和一位研究爆款的影视制作人交流过，他认为，写出新意是某个类型里出现爆款的重要条件。

2. 人物关系要复杂，有特色

所谓复杂的人物关系，就是推进情节发展，激发故事矛盾，产生戏剧张力的重要条件。

还以《金陵十三钗》为例，这篇小说就充满了复杂的人物关系。

里面主要出现的人物关系有这样几组：

十四个从秦淮河畔逃到教堂的烟花女子；

十三个从教会学校逃到教堂的女中学生；

一个外国人，他逃到教堂后，因为需要，假装扮成了神父；

一个落难的中国军官；

一群穷凶极恶的日军；

还有教堂里的杂工等人。

这几组人物关系激发故事冲突的顺序如下：

首先，南京沦陷——十四个烟花女子和十三个教会的女学生，还有一个伪神父齐齐逃到教堂里。与此同时，落难的中国军官也潜藏在教堂附近。

然后，烟花女子和女学生互相不待见，而伪神父和烟花女子之一调情——沦陷城市中烽火下的暂时温柔乡。

接着，日本人追到教堂，发现了女学生，并且要施行强奸。在保卫女学生的过程中，中国军官牺牲，伪神父受伤。

再接下来，日军让女学生准备圣诞节平安夜的唱诗，众人知道一去就是不归路，这该怎么办？

一个巨大的戏剧抉择摆在读者面前。这时候烟花女子们站了出来，愿意冒充女学生前往赴死。

她们的义举让女学生们震惊，神父也震惊了。但这时还缺一个人来冒充女学生，教堂里的一个杂工愿意男扮女装作为顶替。

最后，日军来接走了冒充女学生的烟花女子等人，而伪神父带领真正的女学生逃出了日军的魔掌……

可以看出来，整组人物关系互相映衬，围绕正义与邪恶的较量，感天动地。

一篇好的小说，人物关系越复杂精妙，那么改编成影视剧后的戏剧张力就越强。

除了新颖的立意，复杂精妙的人物关系，还有小说的对白也要好。

从编剧的角度出发，一般比较愿意改编那种本来就很精彩的小说，这样二度创作的精力就可以付出得少一些。

在影视界，大家公认严歌苓、六六等作家的小说对白都非常精彩。

比如在六六作为编剧的电视剧《蜗居》中，由演员海清饰演的姐姐准备辞职时，有一句台词是这样写的："此处不留奶，自有留奶处。"这句台词巧妙改编了"此处不留爷，自有留爷处"这句话，相信许多观众看到海清说出这句台词时，都会会心一笑。

3. 能够塑造出经典的人物形象

伟大的、经典的小说或者影视作品，都无一例外塑造了一个经典的主人公形象。可能多少年过去，我们已经不记得小说或影视作品里的情节，但我们一定还记得这部作品里的人物形象。比如：

我们会记住《贫嘴张大民》里的贫嘴张大民，乐观、善良、贫嘴；

我们会记住《士兵突击》中的许三多，执着、勇敢、倔强；

我们会记住《激情燃烧的岁月》中的石光荣,理想主义、直男癌、大大咧咧、倔强。

好的人物形象塑造太重要了。可以说,做到这一点,作品就成功了一半。

另外,好的影视小说,除了以上几个重点以外,还需要具备这样一些因素:

炸弹事件

一开篇,要有一个激励事件,也有人称之为"炸弹事件"。这个炸弹事件,将促使主人公的命运被改变,他必须想尽各种办法来化解危机。

比如《金陵十三钗》中的炸弹事件是,日本人进了城,妓女和学生都逃到了教堂,她们如何在危难中求生。

扣人心弦的情节推进

在扣人心弦的情节推进方面,主要有两种技巧:

一是**事件推动人物**,即所谓强情节叙事。导演郭靖宇的影视作品《打狗棍》《娘道》等都是典型的此类作品的成功案例。扣人心弦的情节的优点是,情节点密集,特别能吸引观众。但感觉有些为情节而情节,让读者和观众感觉不真实,里面的主人公似乎是情节的棋子。

二是**人物推动事件**,即所谓性格就是命运。人物性格让主人公和别人产生了许多冲突,然后这些冲突构成了推动故事发展的情节因素。

在这方面,莎士比亚、曹禺的作品都是经典代表。

一般来说,通过人物性格产生的情节冲突来推动故事发展,更真实,更富有艺术感染力。

如果一篇小说能够做到以上这些方面,那么这篇小说基本就可以成为影视公司的最爱了。

如何写好影视小说的开场和激励事件

从《长安十二时辰》到《庆余年》，2019 年是一个 IP 大年。不少热门小说被改编成影视作品后，取得了不俗的收视率。要想写好影视小说，就要借鉴那些经典影视作品，看看它们是因为什么吸引到观众的。

相信你会发现，在这些优秀的影视小说里，它们都有一个引人入胜的开场，以及有一个引发整个戏剧故事走向高潮的激励事件。

接下来，我们就来分析一下，如何写好影视小说的开场和激励事件。

你的开场就要确定故事类型

以下三部电影想必很多人都看过：

电影《克莱默夫妇》，开场——丈夫因工作忙碌而忽视妻子，妻子离家出走……

电影《阿甘正传》，开场——一片羽毛飞舞着，配以一段极其感人的音乐……（静开场）

电影《敦刻尔克》，开场——一段激烈的枪战戏……（动开场）

这些经典的电影开场时，都会首先确定故事的基本情境，包括交代故事发生的时间、地点、人物的生存状态等。

也就是说，在电影的开篇部分里，你要介绍你的主角(或者反派)，提供他们的角色信息，引出他们的目标、恐惧、缺点等，揭示整个故事的主题。

我非常喜欢余华的经典小说《活着》，这篇小说后来也被张艺谋导演改编成了同名电影。

电影《活着》就是遵循这样的写作规律来开始讲故事的：

电影开场就交代了时代背景——通过开片字幕"四十年代"来明确告知，利用当时的环境、人物衣着、人物活动（看皮影戏）等来营造时代感。

接着，在交代故事背景的基础上，采用两个主要场景（赌场、家）交代了5件事：

1. 福贵输了一晚上钱，但他满不在乎，继续在他那厚厚的欠账账本上签字画押；

2. 福贵一时兴起唱起了皮影戏，获得满堂喝彩；

3. 龙二得知再赢福贵一个晚上，富贵就得拿家宅抵押赌债了；

4. 福贵回家后，因为赌钱的事和老爹对骂，母亲从中帮忙搪塞过去；

5. 妻子声泪俱下地劝福贵戒赌，福贵从敷衍回答到沉默不语，妻子叹气暗做决定。

这5件事是引子，为后续剧情的发展埋下了伏笔。他们既是正在发生的极具戏剧冲突的事件，也是整个故事的背景。

同样，在优秀的影视小说开场中，也都会迅速告知故事背景、故事的主人公等——都会迅速确定故事类型，以便让读者很快进入写作者所营造的故事气氛中。

激励事件是影视小说的故事楔子

说完了如何开场，我们接着来说，如何写好影视小说中的激励事件。

当你开始写小说，讲述一个故事时，激励事件是重要的关键点。激励事件可以被理解为故事最开始的转折点，是一个故事的戏剧性矛盾真正开始的导火索。在激励事件出现之前，小说处于故事矛盾与人物背景的建置阶段，故事构建的世界逐渐展开。在激励事件之后，故事的主人公开始有了明确的目标，并为恢复生活的平衡或向着目标一次次做出努力。这就构成了故事的进展纠葛。

我们同样以前面三部电影为例，来分析一下如何写好激励事件。

电影《克莱默夫妇》的激励事件——妻子要和丈夫离婚，并且离家出走了。丈夫必须开始独自一人带着孩子工作和生活。丈夫怎么办？

电影《阿甘正传》，激励事件——阿甘腿有残疾，还是一个弱智孩子，他的人生将会怎样？

电影《敦刻尔克》，激励事件——几十万英国士兵被阻挡在海滩上，前有大海后有追兵，怎么办？

所谓小说故事中的激励事件对主人公来说意义是非常重大的，因为激励事件打破了主人公平静的生活，打破了他的平衡状态。通常意义上说，激励事件使主人公的生活离开了正常轨道，他被推到一个不好的、尴尬的境地。主人公必须对此做出反应，有所行动，以便让他的生活回到常态。而从他遭遇激励事件开始，他的这种想要使生活恢复常态，恢复平衡的努力会一直继续。

因此，激励事件必须包含或者隐含故事的必备要素——危机。激励事件对读者来说，首先激发的是追求真相的欲望，要对整个故事有强烈的辐射作用。

在犯罪悬疑式的影视小说里，激励事件的运用最为典型。

比如，由潘粤明主演的网上点击率过亿的网剧《白夜追凶》的原著小说，以及也改编为网剧的作家紫金陈的小说《无证之罪》中，激励事件都是，城市里突然发生了一起凶杀案，然后警察赶到了现场。

也就是说，激励事件是——凶杀案。

接下来，整个故事就围绕着这起凶杀案展开——谁是凶手？警察能顺利破案吗？案件的背后，究竟隐藏着什么样的罪恶与秘密？

无论是读者还是观众的心，为此就被紧紧揪住，被吸引着情不自禁地想认真看下去。

一部好的影视小说，有一个吸引人的开头，有一个精准的辐射整个故事的激励事件，那么，这部影视小说就算成功一半了。

巧妙人物关系的搭建是推动故事发展的关键

当影视公司决定买下一部小说改编成影视作品时,除了好的故事创意、好的人物形象塑造之外,另一个重点就是人物关系的巧妙搭建了。

众所周知,好的人物关系搭建是推动故事走向的关键。我们看到的经典影视作品里,几乎都有复杂的人物关系,然后剧情才会层层叠叠,一波三折。

话剧里的经典作品《雷雨》《茶馆》等自不必说。

影视作品里更是数不胜数,比如《辛德勒的名单》《卡萨布兰卡》《老炮儿》《我不是药神》《摔跤吧,爸爸》等,可以说每一部经典的影视作品,都是巧妙人物关系搭建的典范。

我曾经担任过多家影视公司的 IP 猎头,所谓 IP 猎头就是为影视公司搜寻优秀的可以改编成影视作品的小说。

第四章 虚构写作：如何写出让影视公司青睐的小说

有多年 IP 猎头经验的积累，在我看来，一篇小说里的人物关系搭建是否精彩，会是许多影视公司最终决定要不要买下这部小说的关键点之一。

下面，我们来分析一部经典影视作品《琅琊榜》同名小说中人物关系的搭建。

《琅琊榜》的原著小说作者为海宴，该小说被东阳正午阳光影视公司买走影视改编权，改编成同名电视剧。电视剧播出时，可以说创造了万人空巷的收视纪录。

我们先来简单了解一下《琅琊榜》的故事。

《琅琊榜》是一部网络小说，以平反冤案、扶持明君为主线，讲述了"麒麟才子梅长苏才华出众，以病弱之躯拨开重重迷雾，智博奸佞，为昭雪多年冤案，扶持新君所进行的一系列斗争。"

这部小说的主线就是梅长苏复仇记。

复仇记是许多经典故事的叙事模式，莎士比亚的戏剧里就有很多是以复仇为主线来讲故事的，比如《哈姆雷特》《李尔王》等。

在这部小说里，梅长苏要平梅岭冤案，可以说困难重重。

他要面对的是，因为个人私利而陷害赤焰军，造成赤焰冤案，并从中渔利的大梁柱石，位高权重的宁国侯以及他背后的夏江等人为代表的一股反派势力。

而听信夏江等人谗言，只因自己的一丝怀疑而导致十二年前的赤焰冤案，造成极其惨重后果的是大梁皇帝。可以说他在位一天，梅长苏要平冤就几无可能。

所以，小说故事里，梅长苏走上了一条看似千山万水阻隔重重的平冤路。

于是，为了最终能顺利平冤，小说作者给他选择了一条这样的迂回之路：

他必须扶持一个明君，只有在明君的支持下，他的平冤之路才有可能成功。

所以，他将扶持明君的赌注押在靖王身上。

为了扶持靖王顺利登基，他必须先帮助靖王扳倒同样想争夺王位的誉王和太子。为了扳倒这两位爷，他选择了借力打力，让争夺王位最狠的这两个角色先内斗，然后再借刀杀人。

通过他的一系列运筹帷幄，帮助靖王将誉王和太子成功扳倒。

并且在扳倒这两位爷的过程中，也将在他们身后被他们庇护的反派势力夏江、谢玉等人悉数清除。

最终，梁帝不得不让位给靖王，靖王兑现了给梅长苏平冤的诺言。

从在这个看似复杂实则简单的故事里，我们可以看到一些经典影视小说里搭建人物的必备要素，下面就带你来了解一下。

第四章 虚构写作：如何写出让影视公司青睐的小说

影视小说搭建人物关系的要素

主人公是谁？

他是一个什么样的人？职业、年龄、性格等。在《琅琊榜》中，他（梅长苏）是一个智勇双全，能够忍辱负重的人。

主人公要做什么？

他的欲望、行动目的是什么？在《琅琊榜》中，他要为冤死的父亲复仇。

主人公承载着什么使命，或者有什么样的动机驱使着他走上了故事中设计的道路？

他做这些是为了什么？很明显，在《琅琊榜》中，他的动机是复仇，伸张正义。

主人公的主要对手是谁？

通常来说，就是主人公的对抗者或者反面角色是谁。在《琅琊榜》中，他的对手就是宁国侯以及他背后的夏江等人为代表的反派势力。

主人公的帮手是谁？

即为了完成他的目的，谁来帮助他？在《琅琊榜》中，他的帮手太多了，有贴身的飞流，红颜知己霓凰郡主，还有当年同情大梁国赤焰军的忠臣，以及一帮江湖好汉。总之，在他复仇的过程中，他们都挺身而出，发挥了巨大和关键性的作用。

主人公的主要对手的帮手是谁？

所谓明枪易躲，暗箭难防，有时那些看似不起眼的小人物，在故事发展的关键点上，都起到了推波助澜的作用。

当正反两派的人物关系建立起来后，你还必须设置一些中间力量。他们是为平衡故事中的两派力量而存在的。当两派人物关系的争斗失衡时，这些中间力量的出现，可以保证故事继续回到斗争的中间线而继续拉扯下去。

在很多古装题材的小说里，这个中间人物往往是皇帝，比如《还珠格格》中的皇阿玛，当太后和容嬷嬷为代表的反派和小燕子、尔康等人为代表的正派争斗得力量失衡时，往往这时候皇阿玛就出来保证这两股力量的平衡——就像拔河一样——让结果不要很快地水落石出。

当然，经典故事中的人物关系模式不只以上这一种。

有时候是网状式的，比如像电视剧《大宅门》中一样，适合那种人物关系复杂的故事或者剧情。有时候是波浪式的，可能两条故事线中的主人公时而独自前行，时而又有交叉。

波浪式的人物关系特别适合悬疑推理小说。当案件的真相没有水落石出时，通常侦探和行凶者各自在自己的轨道上加速奔跑，然后又时不时地交集，直到最终相遇和血拼。美国作家斯蒂芬·金、英国作家阿加莎·克里斯蒂，以及日本的许多作家比如宫部美雪的小说作品,都是这类代表。

但不管怎么样,**搭建好人物关系,都是为推动故事或者剧情发展服务的**。人物关系搭建得越好,故事情节或者剧情的发展就越精彩。同时,因为人物关系搭建得合理,所以故事情节或者剧情的发展才会越发显得自然而合理。否则,就会出现各种生搬硬套,生硬巧合现象,会让读者觉得特别失真。

高明的小说写作者,都是巧妙的人物关系搭建者。

所以,对于写作者来说,要想写出被影视公司争抢的小说,一定要学会巧妙人物关系的搭建。

热点 IP 影视小说的写作规律

热点 IP 影视小说种类非常多。我曾写过一份简短版的 40 种影视小说的写作规律，私下发给一些写作的朋友传看。他们看后，都大叹实在太有启发性了，真是让他们的创作受益匪浅。

在这里，我将以时下最流行的两种很容易被改编为影视剧的小说——谍战小说和大女主小说，来分析一下热点 IP 影视小说的写作规律。

谍战影视小说的写作规律

这些年来，由谍战小说改编的影视剧一直是收视热门。相信大家都或多或少看过《潜伏》《伪装者》《风筝》《风声》《麻雀》等影视剧，这些扣人心弦的强情节推进的影视剧，以其缜密的逻辑思维能力，让人好奇的悬念等，让我们看完一集想看下一集。

姜伟、龙一、肖锚、海飞、张勇、小白等都是中国作家里面，擅长写谍战小说的作家。

下面，我们试以龙一的经典小说《潜伏》为例，来分析一下谍战影视小说的写作规律。

《潜伏》的故事其实也不复杂：主要讲述1945年初，国民党军统总部情报处的余则成弃暗投明，成为潜伏在军统处地下党的故事。

首先，谍战小说有这样几个特点：

一定有一个潜伏在敌方的正派人物。 他是小说的主人公，忍辱负重，智勇双全。他还一定要安插在敌方阵营的关键部位，并且深得敌方阵营的头目的器重——不器重，怎么能拿到关键情报？

他一定有一个得力搭档。 如果是谍战加情感，这个搭档往往是异性，他们可能会在共同的斗争中，培养出一段革命爱情。这样的例子有《潜伏》中的余则成和翠萍，《麻雀》中的陈深和徐碧城等。

有革命搭档，他也一定有一个厉害的对手。 这个对手往往也是反派头目重要的左膀右臂，往往他会对主人公的身份产生各种怀疑，发现主人公的潜伏目的。因此，也是这个对手的存在，让主人公一次次暴露在险境之中。

有这个厉害对手，也一定有一个平衡敌我双方力量的中间人物。这个中间人物，往往是反派的头目，他有时信任主人公，有时又信任主人公的主要对手。但总之，他信任后者更多一些，加上他从一开始就是反派的重要大佬，所以，他的摇摆不定，他的反派立场，也是考验主人公能不能一次次化险为夷的重要因素。

这类小说中的故事往往发生在这样几个地方：上海是首选，次之是北平、天津，然后是南京和武汉，最后是重庆。或许因为这几个地方是抗战年代中国最风云际会，各路人马你方唱罢我登场的地方；只有在这样几个地方，才能写出最有特色的民国风情。

谍战小说，除了以上一些写作规律以外，在故事情节方面，往往是这样的推进方式：

一开场，必定有一个惊险事件，让我党的事业遭受重大损失。这时候，主人公需要像盗取火种的普罗米修斯一样，负载重任，临危受命。

同时，主人公需要接受一个重要任务。这个任务可能是单个的某个代号007般的行动计划，需要长期潜伏在敌特内部，和外部的同志里应外合，不断地粉碎一个个敌方的阴谋——同时也让自己的处境因为被怀疑变得越来越危险。比如：

在《潜伏》中，主人公余则成接到重要任务，和上级吕宗方赴南京潜入汪伪政府，暗杀叛逃的李海丰。吕宗方初到南京便遭枪杀，只剩下他一人单枪匹马地去完成任务。

在《麻雀》中，主人公陈深的主要任务是潜伏在汪伪特工总部首领毕忠良的身边，以"麻雀"为代号接受委派工作，秘密传递信息，成功"窃取"汪伪政府的"归零"计划。

然后，主要情节就是主人公"接受任务—执行任务—完成任务（同时危险逼近自己）"的过程。没有常胜将军，当主人公靠自己的胆略和计谋成功完成一个个任务时，也是敌人开始警觉并反扑之时。

因此，整个小说宛如游戏中打怪升级一样，由若干个主要单元的大事件构成，最后主人公成功完成任务的同时，自己的内心和人生信仰都得以升华。

另外，谍战小说的写作，往往非常烧脑，需要写作者在创作过程中，不断埋下各种伏笔和关键细节。这些伏笔和关键细节，让观众在为主人公的命运跌宕起伏而揪心，看到结果水落石出，最终主人公化险为夷或者取得逆转胜利时，不由得佩服主人公的细心和机智。

比如在《潜伏》中，敌方头目天津站的站长无疑是一个典型的官僚形象。他通过惩处汉奸积累私财，手段非常高明。他让自己的心腹去跟汉奸谈判，为了摸清对方底细甚至让手下假装与之谈恋爱；为了得到酒厂，不惜耍手段欲将侄女嫁给汉奸；他和太太还将余则成视为"招财童子"，能捞时则捞，能抢处则抢。

作者设置这个人物的伏笔就在于，因为站长爱财的性格，可以成为以后余则成利用他的弱点，为一次次化险为夷提供有利条件。

当然，正如上篇文章所说的"巧妙人物关系的搭建是推动故事发展的关键"，写谍战小说，最重要的也是首先要学会设置人物关系，好的人物关系才会有戏剧性，人物之间斗争起来才精彩纷呈。写作时，人物关系搭建好了，接下来就是主人公不断接受任务，然后直至胜利终点的过程。

大女主影视小说的一些写作规律

顾名思义，所谓大女主小说，就是塑造的主人公是一个充满励志精神，勇敢、自强不息地追求美好生活的女性形象。它和传统的贤妻良母形象不同，在大女主小说里，女主人公一定不是只围着锅灶转，围绕着老公和孩子转的女性形象；相反，她有极强的职业女性属性的一面。大女主小说，如果按年代划分，可以分为古代大女主、近代大女主、当代大女主等。

大女主影视小说，一直是影视公司争抢的热门。下面这些影视剧的同名小说你可能没有读过，但这些影视剧你一定或多或少看过：《甄嬛传》《芈月传》《女医明妃传》《杜拉拉升职记》《如懿传》《陆贞传奇》《延禧攻略》等。

在中国，写作大女主小说的作家有很多，像张巍、蒋胜男、陈彦、风弄等，都是其中的佼佼者。我正巧采访过其中的张巍、蒋胜男和陈彦三位。

下面，我们试以热门影视剧《女医明妃传》的同名小说，来分析一下大女主影视小说写作的一些规律。

小说一定是塑造了一个自强的、勇敢追梦的女性形象。这个女性，往往美丽、聪颖、热情大方，却出身卑微，但经过她的不懈努力，终于成为爱情和事业双丰收的人生赢家。

围绕着大女主的人生成长，一定有阻碍她成长的一些人和一些势力。比如在《女医明妃传》里，有古代女子不得行医的陈规陋习，有掌握威权的太后等阻碍。总之，大女主的成长之路，山高水险，缺乏勇气和担当的女子，往往走不到胜利的那一天。

因为大女主的人格魅力，往往有男神般的男主人公爱上她（一般不只一位）。有像韩剧一样三角恋的关系，剧情才会出彩。这些男主人公，往往在女主人公遇到极大的困难时，像天使一样挺身而出，守护着她。

另外，大女主在成长时，也会遭遇自己内心的茫然和彷徨。因为她要与整个环境为敌，要与社会对女性的歧视、压力、不公等为敌，因此，在遇到挫折时，她也会陷入自我怀疑中。

以上是大女主影视小说写作的一些基本特点。从情节设置上来说，会围绕女主人公的成功历程，将她的命运置于广阔的社会和职场背景中。一般来说：

古代大女主小说，是置于宫廷斗争和朝代变迁中，比如《女医明妃传》；

近代大女主小说，是置于革命战争和时代风云中，比如《王大花的革命生涯》；

当代大女主小说，是置于家庭和职场的激烈冲突中，比如《太太万岁》《我的前半生》等。

因此，设置情节时，主要有两条线索：

一条是女主人公的事业或者职场成长线；

一条是女主人公的情感线。

在《女医明妃传》里，她的事业线是她成为一代明医，悬壶济世的经历和追求；情感线是，她被皇帝和男主人公都爱上了，然后她在这段三角恋中左右为难的感情纠葛。

当然，事业线（职场线）和情感线并不是独立的、平行的，而是经常相互交融。 作者所要做的就是，不断给大女主的事业线和情感线设置挑战任务和情节，当大女主一个个完成这些挑战后，最终会成为一个让读者喜欢的女性形象。

需要说明的是，大女主题材的影视小说，有时和写作者个人的性格、精神气质不无关联。这也是在我采访作家张巍、蒋胜男、陈彦等人时，感受深刻的一点——作家个人本身就是那种独立自强，有勇气的女性。

因此，当你选择写作大女主影视小说时，要想明白一点：我能否认同这样的女性价值观？我不是简单模仿，而是深刻领会，并且确实能写出那种从灵魂和气质上，都能传达出这样的精神价值观的大女主小说？

只有这样，你笔下的人物，才不会苍白无力，才能真正打动读者。

如何向影视公司推销自己的小说

作为一个写作者，写完一部长篇小说，或者一篇自己满意的中、短篇小说，除了发表在网站或者文学期刊上，你当然最希望的是它能够顺利卖出影视改编权，甚至有一天被拍成影视剧，从文字变成影像，让更多人知道。

所以，如何向影视公司推销自己的小说，这个工作就变得特别重要了。

有些写作者可能会问："我去哪里推销自己的小说？有没有法务上的雷区需要注意？"

接下来，我就来分享一下，如何向影视公司推销自己的小说。

保护好你的小说版权

首先，你需要明白，哪些公司可能购买你的小说。

一般来说，在你决定出售自己的小说之前，你最好先给自己的小说一个合法出售的身份。这有点像一件商品，给它一个商标或者质检条形码——证明这是我的品牌，从此就可以上市流通了，别人也不能随便地简单复制了。

如果没有做好这个工作，你的小说就很容易被侵权、抄袭或复制。而一旦遇到这样的情况，你想举证维权就相当困难了。

所以，在向影视公司推销自己的小说前，你需要先保护好你的小说版权。

下面一些方式，都可以算作对你的小说版权的保护：

出版或者在期刊上发表你的小说；

在正规的文学网站上发表，比如起点中文网、掌阅书城、晋江文学城等。

如果以上两者都没有实现，而仅仅只是写作过，那么你就需要去相关机构登记版权了。以下是一些相关机构的情况简介，供你参考。

实体版权保护中心

北京地区：中国版权保护中心。

其他各省市：各省、自治区、直辖市版权局。

网络版权保护机构

线上版权保护网站，比如"时间戳"这样的网络保护机构。它利用互联网区块链的原理来保护你的小说版权。不过，从来没有出版或者公开发表过的作品，想要保护版权的话，还是建议你去实体版权保护中心。

为你的作品做好合理的定价

保护好你的小说版权后，就开始迈向推销你的小说的第二步了。

首先，要做的是评估你的小说，能在影视版权市场上，报出一个什么样的价格区间。

这个区间定价如何，相当考验定价智慧。定价太低，自己会觉得吃亏不划算；定价太高，很容易落个有价无市，费了半天劲也销售不出去的下场。

如何合理定价？下面这些评估指标可以供你参考：

- 你的小说引起过较大反响吗？比如，获得过一些相关大奖，受到很多粉丝的喜欢，粉丝数众多等。
- 你的小说是长篇、中篇，还是短篇？除了作者名气，小说引起反响等因素，一般肯定是字数越多，版权价格越高。
- 你本人是一个知名作者，还是一个刚入圈的小白写手？名家的版权价格的市场行情，肯定要比一般小白要高许多——这一点，地球人都很容易理解。

另外，除了这些影响小说版权报价的基本要素以外，还有一些动态的因素也有可能影响你的小说定价。

我认识的许多作家，甚至只象征性地以一元钱的价格将小说的影视改编权卖给影视公司。因为他们相信对方靠谱，制作水平精准。这些作家之所以以很低的版权费出让影视改编权，其实是希望因此获得更大的声名，也有的是出于对作品的爱护等。

还有的作家，如果他选择的是卖给一家在行业内知名的公司（比如出品过《都挺好》《大江大河》这样影视爆款剧的正午阳光公司），那在价格上就会相对灵活一些。

但如果他的作品是卖给那些暴发户式的业内土豪公司——这样的公司背后投资方往往来自其他行业，并不是特别懂影视文化，但却财大气粗，有些作者就会想："我不趁机找这样的土豪赚一笔，更待何时？"

所以，**小说版权的定价是弹性的，因人而异，因作品而异，因买方而异。**

而最重要的指导原则是：**小说的作者，首先要想明白自己要什么，是以赚多少钱为第一要务，还是以让作品找到一个靠谱的婆家更重要，或者两者兼而有之；然后再根据具体情况考虑如何让自己利益最大化。**

为自己找一个版权经纪人

保护好了你的小说版权，也合理定价了，接下来就该像电影《当幸福来敲门》中的证券经纪人一样，一家一家公司地去拜访你的未来金主，期待他来买下你的作品，好让你用这笔钱来保障生活、换车、给太太买礼物等。

就像好莱坞的版权经纪，许多作家都把自己的版权售卖事宜交给经纪人一样，在此，我也建议，**不管你是知名作家，还是写作小白，都应该考虑将自己的作品交给一个得力的版权经纪人去打理。**

这样做的好处有：

- 版权经纪人可以节约你的时间。试想想，如果一个作家成天为了自己的作品售卖事宜，东奔西跑，周游各大影视公司，你的有效创作时间一定会被挤压。

- 版权经纪人会更专业地来操作这些事情。他可能更懂得如何和影视公司谈判，更懂得如何为你争取权益，更懂得相关法律知识，比你更有客户人脉资源等。

- 版权经纪人还会更知道市场要什么。因为他不是局限在创作里，而是了解整个文化市场，所以，他对市场的判断一定更敏锐、更全面。

你可能会担心，将自己的作品交给版权经纪人打理，那这样不就得让版权经纪人从中分一杯羹？其实，如果能因为版权经纪人的劳动和效率，让你有更多的时间去用来创作，这点付出和牺牲也是应该的。

至于和版权经纪人的分成比例，一般都是事后分成制，即版权经纪人将你的作品成功卖出后，再来和你收益分成。

这个分成比例，也是每个个案都差别非常大。

有的可能高达五五分成，经纪人要拿走一半的分成。这种情况，一般出现在一个知名的、实力超强的版权经纪人，去代理一个刚刚出道的写作小白的作品时。

反之，如果作家实力很强，作品非常优秀，而版权经纪人又比较弱势，那么分给经纪人的收益比例，低至5%~10%也是完全有可能的。

一般来说，影视行业版权经纪人的提成比例标准在10%~30%之间。

对于作家来说，如何能让自己的作品短时间内成功卖出去，并且还能卖个好价格，选择一个真正有实力、有资源的版权经纪人，就非常重要了。

目前在版权经纪市场上，打着版权经纪人旗号的从业者也是多如牛毛，从业素质良莠不齐。

判断一个版权经纪人是否适合你，可以考虑以下这样一些指标：

- **他是否可靠、诚信？** 你可以去网上搜索一下他的相关从业背景，或者去看看他的社交软件上的相关信息，做出自己的合理判断。

- **他是否真的拥有足够的客户资源？** 如果他从业时间比较久，又勤奋好学，待人亲和，一般他积累的客户资源就不会少。

- **他是否能综合权衡？** 他是否既可以照顾你的利益和感受，同时也能站在客户的角度去考虑，有效促成交易。

- **他和你是签独家经纪代理合约，还是非独家？** 如果是独家代理，他就需要限时特卖，必须要求在某一个特定时间内卖出你的作品，否则，推销时间过长，可能就会耽搁你的作品成交。即使是非独家，也存在一个长时间内，如果他的推销毫无进展的话，是否需要解约的问题。

写作者自己推销小说的技巧

最后，你可能还是会说，我不放心版权经纪人，还是希望亲自去跑影视公司，亲自推销自己的小说作品。

那也可以——如果你对自己的推销能力相当自信，并且愿意付出更多时间的话。

如果你希望亲自上阵去推销你的小说作品，那么除了做好以上我提到的那些版权保护等流程以外，你首先要做的是分析你的客户在哪里，他们的情况是什么样的。

有数据显示，在北京光影视公司就有上万家，但真正有购买版权实力的影视、游戏等相关公司，其实也就上千家左右。所以，你需要了解这上千家公司里，哪些是你的精准客户。

如何找到你的"金主爸爸"？

你可以去参加各种行业论坛，去结识这些影视公司的相关负责人。

你可以托朋友介绍，推荐你认识一些相关负责人。

你还可以去微博等社交平台上，给相关负责人发信息，说明你的需求。

你甚至可以去各种行业信息手册上、相关公司网站上，找到相关负责人的联系方式，然后直接给他打电话。

准备一个简明扼要的亮点介绍

在找"金主爸爸"之前，你还需要为你的作品，准备一个简明扼要的介绍，包括作品的故事简介、改编亮点，以及作品的市场号召力等。

另外，你还需要为客户准备几篇样章，以便他用最少的时间可以最快地领略到你的作品的精华。

如果他感兴趣，并向你发出面谈邀请，那么恭喜你，你的作品已经引起他的注意了。那么接下来，就要开启你的面谈之旅，通过你良好的沟通和洽谈，最终游说他买下你的作品吧。

如何看待影视写作的高收入现象

当你决定成为一个影视写作者,你的动机是什么?

是出人头地?

还是年赚千万?

或者是对文字转成影视作品的那份痴迷和热爱,就像《天堂电影院》中的放映师艾费特一样,或者像贾樟柯、张艺谋等许多导演对电影的那份痴迷一样?

我知道有许多人决定开始影视写作时,对这个行业可能打听到的情况是这样的:每年编剧富豪榜上的编剧富豪们,有的曾经一年赚两千万,比如高满堂、林和平、陈彤等人。

我曾经在一次影视写作论坛上听一位知名编剧说:"20世纪80年代写一个剧本,可以换来一辆自行车;90年代初期写一个剧本,可以换来一辆摩托车;21世纪初期写一个剧本,可能换来一辆汽车;现在呢?一个一线编剧的一个长篇电视剧剧本,可以轻轻松松在二线城市或者一线城市周边买一套别墅。"

只要混成一线影视写作者,就似乎可以轻轻松松地实现许多普通人一辈子梦想的财务自由。更何况,还能带来除金钱之外的其他很多利益:

作品上映后走红毯,接受各路记者采访时的荣耀;

作品被亿万观众喜爱的成就感;

作品表达你的内心,记录你的人生,表达你对世界的看法;

作品拯救了你的精神危机,让你的人生具有无限升华的可能,等等。

没有错,这是属于影视写作者这个职业的荣耀辉煌和高光时刻。

然而,真实的市场也有其残酷之处。

你大概听说了,据统计,光是在北京,就有近十万影视写作者。

一个行业和一个职业,具有如此大的诱惑力,当然会吸引千军万马挤进来。

所以,你大概也是这样,不管是出于对这个职业的深深热爱,还是出于赚大钱的想法,总之,兴冲冲地杀进来了。

你,可能以前写过一些小说。

你,可能以前写过一些散文。

你，可能看过无数影视作品，是一个电视剧迷、电影迷。

但你很快发现，好像有那么一些不对劲。

你闭关3个月，满怀热情地写出来的影视小说，无人问津；你的抽屉里可能已装满了几十个故事大纲，但它们的电子版至今还只存储在你自己的电脑里。

你抓住各种影视公司招聘编剧，找寻编剧的机会，兴冲冲地去面试、面谈。你听到所有的制片人好像都在求贤若渴地告诉你：我们太缺编剧了，我们太缺好的影视小说了。

你会感动又不甘地想："我这里就有一部好小说啊。"

可是，你会发现，你兴奋地将小说拿给对方，结果往往是石沉大海。

半年、一年过去了，你从当初满怀热情投身影视小说写作这个行当，到渐渐被打击得可能有些心灰意冷。我认识的一个写作者，漂在北京，写了4年，一部小说也没有变现，渐渐地弹尽粮绝。他的父母通知他，再不回去娶妻生子，就要和他断绝父子关系了。

问题到底出在哪里？

如何成为一个优秀的影视小说写作者

这些年来，我担任过多家影视公司的副总、总监等职务，看过的影视 IP 不计其数。

我采访过数以百计的一线影视写作者，比如李潇、张巍、李樯、王宛平、陈彤等人,在这个过程中,我逐渐发现了成为一个优秀的影视小说写作者的秘密。

秘密一:你必须需要职业化的训练

职业化的训练不能让你成为天才,但它能使你的天赋得到最大程度的发挥。

在我观察来看,**后天训练与对影视小说写作技巧的把握,确实比天赋更重要。**

了解这一点,一个重大的意义在于,即使你天赋平平,也不必气馁或者自卑,经过一些有效的影视小说写作技巧训练后,你完全可以去冲刺成为你心目中的一线影视写作者。

而如果你天赋本来就不错,那么再接受一些这样的专业技巧的训练,恭喜你,明日的写作之星就是你了。

秘密二:你的影视小说里,这些元素是否清晰?

你的影视小说的戏核是什么?故事脉络是否清晰?

你的戏魂是什么?立意是否纯正?价值观是否正确?

你的故事形态是什么?是强情节还是弱情节?

你的影视小说的观众定位是什么?

在讲故事时,你的戏剧情节发展动力是什么?在写作过程中,是否存在动力不足的问题?

还有,当你作为一个影视小说的写作者时,你有没有站在制片人或者产品经理的角度去考虑一些问题?比如你的人物关系是否清晰、独特等。

秘密三：任何行业都有二八法则

年赚千万的影视小说写作者，当然有，但绝不是所有人都轻而易举地可以拿到这个收入。

任何行业都有二八法则——那些高收入的写作者，一定是在这个行当里耕耘了多年。而写作小白，要想拿到这样的高收入，必须经过艰苦的训练，坚持不断的实践。

所以，先不要羡慕那些高收入的影视写作者。

只要你像他们一样努力，也许就在不远的将来，你的作品也将出现在亿万观众的面前。他们为你笔下的主人公的命运感到揪心，或者落泪，或者开怀大笑——而你就是那个创造这种神奇的人。

影视小说名家的写作规律与秘诀

这些年来,许多知名影视小说作家的作品都是影视界的宠儿,屡屡被改编成影视剧,成为年度收视爆款。比如:鲁引弓的《小别离》《小欢喜》,九枚玉的《女不强大天不容》《少年派》,严歌苓的《小姨多鹤》《金陵十三钗》,张巍的《陆贞传奇》,蒋胜男的《芈月传》,瑛子《爱了散了》《婚刺》,等等。

为什么他们的作品能深受影视公司的喜爱?为什么他们的作品不断能卖出高价,并且被改编后,确实能受到观众追捧?接下来,我就分析一下我采访过的几位畅销影视小说作家的写作规律,让我们来看看他们成功的秘诀是什么。

作家瑛子:专注婚恋小说创作

瑛子被读者誉为"婚恋小说中最特别的一支笔",也被称为一位略显神秘的作家，因为除了作品，她本人很少在媒体上露面，为人一直很低调。

她创作了十几部婚恋小说，获过百花文学奖，她的不少作品被改编成热播剧。其中描写亲子话题的《宝贝战争》，2008年曾连续8周在新浪读书日排行第一，连续3个月月排行第一，点击率超过3000万；作为国内首部描写无性婚姻的作品《爱了散了》，改编成电视剧后，在北京、上海等地播出时创下同期排行第一的收视佳绩。

瑛子写作第一部作品时是在2001年，那时她在青岛一家房地产公司上班，业余喜欢写点小东西在期刊上发表。

有一次，她听同事讲了一个真实的爱情故事。那是一个有关异地恋的故事，双方爱而不得，百般煎熬。本来这种故事也没什么奇特之处，但很多细节震撼到了瑛子。她把这个打动了自己的故事写了出来，于是就有了《不跟你玩》这部作品。

幸运的是，这部小说经由当时一位在北京一家报社工作的朋友推荐到出版社后，十分顺利地出版了。出版社又推荐给了海润影视公司，当时海润影视的制片人马女士看完小说后，一周内便决定买下影视改编权。

马女士到青岛和瑛子签订小说的影视改编权合约时，对瑛子说："瑛子，你文字功夫这么好，能不能再给我们写个故事？写一个私营企业家族内斗的故事。"

对瑛子来说，这种题材并不熟悉，也不是自己的强项，但

第四章　虚构写作：如何写出让影视公司青睐的小说

对方的建议给了她很大的鼓励。

于是，她开始写自己的第二部长篇小说《午夜向日葵》。这是一个悬疑式爱情故事，出版后不久就有影视公司买走了影视改编权，制作成一部叫《心跳》的电视剧。也是从这部小说开始，瑛子发现写作也可以养活自己，而上班却有点浪费时间。于是，她索性辞了职，回家当起了专职"坐家"。

写作之初，其实瑛子并没有刻意地只写某一类题材，写作原则是只写自己熟悉的东西。她对题材和故事比较挑剔，那些泛泛的，不别致的，不能进入内心的，不能撞击灵魂的，一律不写。用她的话说是："就像交朋友，我比较挑，不能走进心灵的人很难走近我，成不了至交。"

也正因此，当瑛子成名后，曾经有制片人和导演约瑛子写"翁婿斗""隔代亲"等题材，但因为她不喜欢，都婉言谢绝了。

瑛子的前 4 部小说主要是写悬疑式情感故事，并且都成功改编成了影视剧。其中改编最成功的是电视剧《爱了散了》，这部剧当时在北京、上海等多家卫视播出时长期占据收视榜首位置，被评为 2007 年十大国产情感剧之一。因为这部剧的火热，市场上甚至跟风出现了《爱了散了 2》。

瑛子一下子声名在外了。那时，稿约不断，小说的影视改编权经常被影视公司争抢。她原本也可以照着这个路子写下去，但她自己却产生了审美疲劳。

而且随着年龄增长，见到周围各种类型的婚姻，幸福与不幸福的，她感触比较多，于是就转换写作风格，开始专写婚恋题材的故事。《婚内外》《宝贝战争》《老公的秘密》《婚刺》《非常家庭》都是在那一阶段创作的。当时这些小说一面世，瑛子的手机就会被打爆，那些陌生来电十有八九是谈影视改编权的。

写了十几部婚恋小说，可能很多人好奇：瑛子那么多婚恋小说的创意或者素材来源是什么？

在写作后来那本引起较大轰动的《爱了散了》时，瑛子刚开始其实是想写一个警察故事，后来又觉得单写警察可能会枯燥，于是就设计了情感线。当时刚好有位陌生读者写邮件给她，倾诉自己婚前被蒙蔽而遭遇无性婚姻的痛苦。

看到这封邮件时，一刹那，瑛子大脑里闪出了灵感。征得那位读者同意后，她把无性婚姻这个元素设计进了小说里。

当时，拍摄同名电视剧的北广传媒在改编这个小说时，看中的就是"无性婚姻"与"家庭冷暴力"这两个戏核。他们认为，与当时市场大量流行的婚姻类小说相比，这部小说更加独特，爱情故事更加感人。同名电视剧播出后在社会上引发了无性婚姻与家庭冷暴力这两个话题的讨论，甚至还出现了不少跟风题材。

专注婚姻情感小说的创作，这让瑛子的作品成了影视公司的宠儿。她给我们的启迪是：**要想让你的小说受到影视公**

司的喜欢，首先要找准自己的写作定位和优势，然后坚定地写下去。

九枚玉：写老百姓最关心的，最能触动自己的

2020年的春节，如果你被一部反映二手房中介生活的电视剧《安家》所吸引，那么很可能会被作为编剧之一的"九枚玉"这个名字所吸引。作家九枚玉以前是报社记者，2019年大火的电视剧《少年派》就改编自她的小说《陪读日记》。

《少年派》中几个个性鲜明的备战高考的高中生，以及备考家庭的冲突与沟通困境，令观众产生了强烈的代入感，一时成为人们茶余饭后的话题，引起了社会对青少年成长和家庭教育问题的关注。

细心的观众会发现编剧是两个熟悉的名字：六六和九枚玉。3年前热播的电视剧《女不强大天不容》，也是两人合作编剧。

《少年派》的产生和九枚玉之前创作的另一部作品《陪读日记》关系很大。

说起创作《陪读日记》的初衷，那还是九枚玉的女儿上高三的时候。一家人到学校附近租房陪读，九枚玉便开始在朋友圈里写陪读日记。当时她是在一种比较压抑的心境下动笔的；从来只说学子苦，哪听家长诉伤悲。一人高考全家备战，其实家长的压力绝对不比孩子小，孩子只有单纯的学业负

担,而家长还有职场和生存的压力。九枚玉想通过写陪读日记,缓解压力,同时也想将这段生活记录下来。但她没有想到,后来这部小说被改编成影视作品后,受到观众的热烈追捧。

我问九枚玉选择题材时,会不会刻意以自己熟悉的生活为素材。

九枚玉说,《女不强大天不容》和《少年派》里确实有自己过往的生活,但也仅仅是一些碎片式的细节。**因为想靠一个人的生活经历撑起一部戏,那也太天方夜谭了。她更多写的是自己的期待和希望,以及对美好生活的憧憬。**比如《少年派》中的林大为,就是她"攒"出来的中年好男人:沉稳宽厚,幽默温和;含蓄有担当,在压力面前不低头;识大体、知好歹、懂进退,对家人、朋友真诚以待。

她写小说《女不强大天不容》时,还是《合肥晚报》的资深编辑兼记者。做记者时期,"无冕之王"的职业身份经常让她东奔西跑,四处采访,好不风光。但突然间,传统媒体遭遇新媒体冲击,九枚玉供职的报纸陷入了经营危机,她也遭遇了职业危机。在那部反映传统媒体人如何在逆境中断臂求生的《女不强大天不容》中,就有她自己的影子。

剧中,主人公郑雨晴经历了纸媒的"黄金年代",也见证了新媒体的崛起和互联网时代的到来。这与九枚玉的真实经历十分"相似",她自己也经历了传统媒体的辉煌到没落。

这部可以归结为"当代大女主"类型的小说一经出版,就受到了影视公司的关注,最终被改编成了同名电视剧。

九枚玉的写作感受是:**写作既要来源于生活,同时又要超越生活,必须对生活有所提炼、思考和发现。**

鲁引弓:最擅长从热点社会话题切入

2016 年,电视剧《小别离》大火,许多人因此认识了原著小说作者鲁引弓,并且好像突然发现这个面容清瘦、皮肤白皙,有着典型江南男人外表的作家,从媒体人转型为作家后,已经写出了那么多有力道的作品。

自从《小别离》后,他一口气推出了十余部反映中国社会生活中多个热点问题的小说,有反映留学"小候鸟"现象的《小别离》(该系列还包括《小欢喜》和《小舍得》),有反映职场女性生存的《姐是大叔》,有反映同学会现象的《同学会》,有反映都市人生存压力的《音乐会的另一种开法》等,并且几乎每部作品都被影视公司疯抢。

鲁引弓最擅长写社会话题类的小说,这和他的媒体从业背景有关系。

大学时,鲁引弓选择去中山大学学新闻,毕业后在《钱江晚报》等知名媒体工作。那些年的记者生涯,训练了他快速写作的能力。他经常的情况是:上午采访,下午回到报社,就得赶紧将第二天要发的稿件写出来,否则报纸就得开天窗了。

而且，不但要快速写出来，由于其他报社的记者也都去采访了同样的新闻，就会有第二天稿件见报后，你的新闻稿写得是不是比别人更生动，你找的角度是不是比别人更新颖等方面的比较。那种压力逼迫鲁引弓学会了怎样去讲述一个新闻故事，怎样讲出画面感，这也为他日后的写作奠定了坚实的基础。

鲁引弓写作《小别离》还是在几年前。有一次，他去机场送别一个朋友，在机场的候机大厅里，他看到一个即将要出国的孩子和来送行的父母抱在一起，哭成一团。他再环顾四周，发现类似这样送别留学"小候鸟"的情景比比皆是。

这一幕触动了鲁引弓。他突然想到，小学生留学，现在在中国非常多，据胡润百富榜发布的《2016留学趋势特别报告》统计数据显示，中国国外留学学生人数延续上升趋势，在美国的低龄留学生已超过4万人。

这原来早已经成了一个普遍的社会问题。

那么多的父母，为什么在孩子这么小时，就要将他们送到国外？将这样小的孩子送到国外，对孩子的身心成长有不利的影响吗？当父母最应该陪伴在孩子身边和他一起成长时，双方却远隔重洋，这会给父母和孩子之间的情感和心理造成什么样的冲击？

这一系列的思考让鲁引弓浮想联翩，媒体人的敏感让他意识到自己应该写点什么。于是，在那年的国庆节期间，他花了 17 天的时间，一口气写出了《小别离》。之所以能有这么快的写作节奏，不得不说是得益于他多年快节奏写作的记者生涯。

《小别离》出版后，大获成功。很快就有五六家影视公司来争抢影视改编权。这部由海清和黄磊主演的电视剧，掀起了全民讨论少年出国留学话题的热潮。

另外，2019 年大热的电视剧《小欢喜》也是改编自鲁引弓的同名小说。

鲁引弓的写作秘诀是：**一定要写读者感兴趣的。他对社会热点话题的精准把握和切入，是他的作品被改编成影视剧后，很容易打动观众，引发公众讨论的重要原因。**

张巍：抓住"大女主"写下去

提起作家张巍，其实无论是影视圈还是文学圈，对她一点儿都不陌生。许多热播电视剧，比如《陆贞传奇》《太太万岁》《杜拉拉升职记》《女医明妃传》等都出自她手。她不但是位知名编剧，而且还是北京电影学院的副教授，许多知名编剧是她的学生。

张巍编剧的作品，大多以颂扬自强自立的女性精神而为人称道，她笔下塑造的陆贞、杜拉拉、明妃谭允贤等，都感动和激励了许多女性观众。

写了那么多部励志职业女性的影视剧，在张巍的作品中，有两部作品特别典型地反映了职业女性在家庭和事业中的两难矛盾。

一部是《太太你好》（原名《太太作战记》），说的是"太太"在一个家庭中举足轻重，没她不行的独特地位的故事。

在这部作品中，女主人公就像一个"女战士"，在工作和家庭两个战场上"战斗"。而在她的另一部小说《一生有你》中，女主人公顾晓蒙面临着带孩子，照顾痴呆老人，维持自己的工作，找不到理想保姆……一堆难题。

之所以将女性励志作为自己的写作方向，张巍说这也和自己的一些生活经历和感受有关。

在《班淑传奇》（又名《女傅》）中，她刻画的班淑古灵精怪，敢爱敢恨，赢得观众的喜爱。为冲破感情纠葛，她不惜变身霸道"男主"上演倒追戏份，在事业和感情的双重历练中得到成长，最后终成一代传奇女傅。同样，在《女医明妃传》中，刘诗诗主演的女医也颇为励志。

张巍觉得自己写不了阴谋、算计、腹黑等题材，也写不了那种从头到尾缠绵爱得要死要活的爱情。更多的时候，她希望看自己电视剧的女性能获得一些正能量——她们可以不靠男人、不靠背景，只靠自己的双手就能创造出一个美好的明天。她笔下的爱情有偶遇却没有幸运，不会让女主人公碰上一个高富帅就对她死心塌地，于是要风得风要雨得雨。

为此,张巍成了"大女主"影视类作品的金牌写作者。

蒋胜男:孵化一个题材如同喂养一条鱼

许多人听说蒋胜男,都是从 2015 年大火的电视剧《芈月传》开始。但很多人不知道的是,蒋胜男其实是最早的一批网络大神级作家之一。

目前,她是中国作家协会第九届全国委员会委员,担任浙江省网络作家协会副主席、温州市文联副主席等职务。

她的写作始于 2000 年,她是最早的一批网络作家之一,是中国整个网络小说发展史的见证者和亲历者。她最初在一个叫作"清韵书院"的 BBS 上写作(这个网站现在已不存在)。2003 年她从"清韵书院"和"金庸客栈"搬到"晋江",是晋江原创网(晋江文学城)的"开山驻站"作者之一。晋江的第一篇 VIP 小说就是她的《凤霸九天》,至今该小说仍与《何以笙箫默》《花千骨》等作品一起被列为晋江 40 部经典著作,可谓是晋江的第一代"大神"。

蒋胜男写作 20 年,每一部作品都各有千秋,每一个人物都栩栩如生。那么,她的这些创作灵感与人物素材是从哪儿来的呢?

我采访蒋胜男时,她告诉我,自己经常会被一本书、一部戏甚至是一段新闻里的一个点所触动,脑子里就会不由自主地演绎一个个故事。**通常她会把这些故事放进文档里,当作**

一个大纲模胚,然后无意识地不断积累,酝酿很多年,"这种感觉就像不断往自己思想的池子里投撒鱼苗,给它们喂食,看着它们长大一样"。当其中一条长得特别大、特别好的"鱼"出现后,就会不停地骚扰她。她不得已便把这条"魔鬼鱼"从思想的鱼池里捞出来,以这条鱼为核心进行创作。于是,一条"鱼"常常就衍生出了一部小说,拉开了一段尘封的历史。

这个过程就像她创作《芈月传》时的场景一样,对春秋战国时期素材的积累便是往自己的"思想之池"中投撒鱼苗,而秦宣太后这条鱼长得最大最好,恰逢当时她无意间看到兵马俑的纪录片,专家猜测兵马俑可能非秦始皇嬴政所有,而是他的祖母秦宣太后。就这样几句话,一个极小的触发点,让她决心把这条大鱼打捞出来。

提及创作题材,蒋胜男告诉我,她尝试过各种题材与风格的写作,都市、武侠、言情,等等,她都能驾轻就熟,但越简单也意味着越没有挑战性,于是她便开始创作历史题材的小说。

她说,写一部历史题材的小说,几乎要把她所有的知识储存全部耗光,然后她需要不停地补充能量,不断去学习、去思考、去提升,这个过程非常过瘾。一旦进入写作情境,她就会被故事所驱使,笔下的每一个人物都仿佛显现在眼前,他们的性格驱使着他们走向各自的命运,当某一个人物成长为

"大鱼"时,便是蒋胜男将行"捕捞"之时。

如果说灵感是作品的起源,那么作者就是作品的上帝。当生命产生以后,当故事里的人物有思想、有情感的时候,身为上帝也无法毁灭它。面对每一部作品,她都毫无畏惧地直面,毫不犹豫地创作。只有把这个故事写完,这个人物才能从她的脑海里清空。随后,又会有新的人物占据她的脑海。她的"思想之池"里又会有初生的小鱼苗,逐渐成长。

蒋胜男的作品几乎一面世就会受到影视公司的追捧,这和她精准的选题切入,故事讲得精彩都很有关系。

当微信公众号出现后，因为对这个文体的好奇，我也积极地为各个知名微信公众号撰稿，并且写出了不少高阅读量的文章。比如2020年疫情期间，我就有两篇10万＋的爆文：《李文亮被恶意抢注商标，最可怕的事情还是发生了》《我，55岁，武汉封城半个月，我网恋了》。

很多知名微信公众号都曾经聘请我为专栏或者特约作者，比如她生活、珍妮之吻、GirlUp、木棉说等。我也曾经担任过一些知名微信公众号的总编，比如最爱大北京。通过从事这些新媒体的总编和撰稿工作，我积累了丰富的新媒体写作经验。

这个时代，新媒体写作似乎已经无孔不入，焕发出强大的生命力。对于一个写作者来说，擅长写10万＋的文章，无论对于就业还是增收，都是最好的方式之一。这一章，我就来分享一下我的新媒体写作经验。

第五章

新媒体写作：
如何写出高质量的新媒体文章

新媒体写作与传统媒体写作的区别

一个时代有一个时代的写作要求

2012年之前,是属于传统媒体写作者的时代。那时,许多期刊,一纸风行天下。许多自由撰稿人靠着给各种期刊撰稿,名利双收。

但时代不断变化,许多潮流只能各领风骚三五年。

微信公众号的出现宣告了另一个写作时代的到来。

一方面,传统媒体迅速衰落,即使像《爱人》这样曾经发行量百万份的杂志,也纷纷倒闭。另一方面,各种新媒体大号纷纷崛起。这几年,新媒体成了最火热的一个词。

尤其是微信公众号的出现,让很多毫无背景的年轻人改变了命运,实现了社会阶层的跃迁。

很多普通的年轻人通过注册微信公众号,走上内容创业道路,两三年内就成为百万、千万富翁。比如,视觉志的沙小皮、豪车榜的猫老大、十点读书的林少。

也有很多刚毕业不久的大学生加入新媒体行业，因为玩转了公众号，迅速做到了年薪几十万，比如 20 岁拿到百万年终奖的熊二。

其实，这个时代，普通人改变命运、实现社会阶层跃迁的机会越来越少，公众号写作便是这个时代最好的机会之一。

但是，**每一个写作时代到来，它或许改变的不仅是传播载体，比如从纸质版到电子版，改变的还有新的写作方式。**

就像我认识的许多曾经在 20 世纪 80 年代写作主流期刊稿件的人，他们有一段时间也曾经跃跃欲试想写那些畅销类高稿费的生活类期刊的稿件，却总被编辑退稿，退稿上写着的最多的评语或许是：文风传统，和我们杂志的风格不符。

新媒体写作时代，许多传统写作者遇到的问题同样也是如此。

最开始写作微信公众号文章时，我像许多写作者一样，以为新媒体写作不就是像原来的期刊写作一样吗？不就是只要把博客上的文章搬到微信公众号上就可以了吗？

我也曾试着这样做。

但发现无论发了多少篇文章，涨粉都寥寥无几，我那些曾经在畅销期刊上广受欢迎的文章，到了微信公众号上仿佛失灵了一样，不再受人欢迎了。

这到底是为什么？

直到我后来从一家杂志跳槽到一家有百万粉丝的微信公众号担任总编辑后,我这才慢慢明白:新媒体写作,原来和传统媒体写作完全不是一回事。

就像我从 1998 年开始写作畅销期刊的稿件时,听说的那些传统作家写不了市面上流行的畅销期刊稿件一样。你必须得承认,新的传播载体的出现,改变的不仅是媒体形态,还有写作风格和语态。

一个时代有一个时代的对于写作者的要求,就像从文言文到白话文,从 80 年代的腔体到"知音体""时尚体",再到现在各种新媒体大号的语言风格,你要想与时俱进,不错过新的写作时代的风口,就必须要勇于改变,重新适应新媒体时代的写作要求。

我开始老老实实放下过往的写作优势,认认真真地研究起各种新媒体大号的风格与成长轨迹。我曾经关注了 3000 多个知名大号,每天都在看各种爆款文章,看那些新榜原创文章 100 强。

研究得多了,我渐渐发现了许多新媒体大号创作爆款的秘密,也知道了那些知名的新媒体写手到底是如何写作的。

在新媒体总编的职业生涯里,我曾经担任过百万粉丝大号"最爱大北京"的总编;担任过一些知名企业公众号的总编;还是诸多自媒体大号的专栏作家,为各种百万粉丝大号比如她生活、女人坊、春雨医生、谈性说爱中文网、珍妮之吻等写专栏。另外，我和北京爱情说科技有限公司合作的《情感说》自媒体平台，曾创下了各平台流量过千万的纪录。

由此我深切地感到，传统媒体写作和新媒体写作有着非常大的区别。

比起传统媒体，新媒体要求的反应速度更快

以前，我们做期刊编辑时，一个热点新闻出来后，报纸第二天能见报，这还算快的；至于杂志，则要因为出刊周期的影响，一般一两个月后才能见到相关报道。

往往那时，新闻已经变成旧闻了。

所以，传统媒体对于热点事件的报道，只能是另辟蹊径，从深度或新的角度入手，否则，只是追热点的话，早已经过时了。

但新媒体不一样。

网上经常流传着某些新媒体写手，凌晨爬起床追热点写稿的事例。其实，这一点也不奇怪。我认识的许多新媒体写手，即使在医院打点滴，也还在坚持写稿；有的就像网络大神作家唐家三少那样，即使老婆在产房生孩子的时候，自己也是一边等在产房外一边打开电脑写稿。

我见过最快的新媒体公众号对一个热点事件的反应是，事件刚发生不到10分钟，他们的第一篇推送文章就出来了。

所以，你会发现，这一波新媒体写作大潮中，很多原来在

传统媒体特别占优势的写手，并没有登上这艘造富大船。

究其原因，除了传统媒体的写作方法和新媒体有很大的不同以外，也和传统媒体人不适应新媒体写作的快节奏有关。有的传统媒体人还沉浸在一个月发一篇稿的节奏中，或者即使开了一个公众号，也是今天有兴趣就更新一篇文章，明天没有兴趣了，就找出各种理由来断更。这样一来，哪里能做成一个有影响力的新媒体大号？

我见过的那些能把自己的公众号经营得有声有色的新媒体写手们，经常是二十四小时在线一般地写作和工作。他们在办公室写，在家里写，在咖啡厅写，在高铁上写——随时随地都处于待命写作的状态。这样的快速反应和工作状态，是许多传统媒体的写作者所不具备的。

所以，能够成为一个优秀的新媒体写作者，不仅仅要求要有写作才华和方法，更要求写作者要勤奋和坚持不懈。

新媒体和传统媒体的阅读场景不同

传统媒体的文章是印在纸张上的，新媒体的文章是在手机上即时分发的。

阅读报纸或者杂志的读者，可能是在书房或者办公室里，正襟危坐，泡了一杯茶，然后慢慢阅读和品味。而新媒体读者的阅读场景，可能是在车站等车、乘坐地铁，或者餐厅等餐时，所以，经常是快速刷屏，阅读速度极快。

新媒体和传统媒体阅读场景的不同，也对新媒体写作提出了新的要求。

新媒体写作要求文章信息量大，一篇文章，要有多个阅读路径和入口，读者刷到任何一个页面，都要求能有吸引他的信息。同时，因为新媒体读者的注意力有限，就要求新媒体写作的标题、开头等，都要能快速吸引人。

用一句话概括：新媒体文章的风格，比起传统媒体，更跳跃，更碎片化。

而我在传统媒体写作的时代，一篇稿件，如果比较跳跃化和碎片化的话，一般会被总编或者编辑退稿，上面的退稿评语基本会这样写：文章内容太碎，风格不适合本刊。

新媒体写作，要有鲜明的用户思维

记得在传统媒体写作时代，有人说，文章写得好不好，总编说了算。因为总编握有能否发稿的生杀大权。

至于稿件刊登出去，有多少人叫好，有多少阅读量，完全没有可以参考的数据。所以，很多传统媒体的写手是"自嗨型"的，或者"自恋型"的：只写自己感兴趣的，不管读者是否感兴趣。所以，有时可能自己洋洋自得写得不错，实际上市场根本不买账。

但新媒体的写作不同，一篇文章推送出去，有多少阅读量，有多少点赞数，数据都明明白白，做不了假。

这也因此给新媒体写作提出了更大的挑战，一篇文章好不好，不再是总编说了算，而是市场和读者说了算。

这就要求新媒体写作者，必须要有用户思维：我这篇文章发出去，能否受到读者的欢迎？我是写给谁看的？等等。

只有具备用户思维的写作，才能既叫好又叫座。

新媒体写作，观点要明确

以前在传统媒体时代，我所受的写作训练是：一篇好的稿件，更多的是事实呈现，不能发表太极端的观点。

但是新媒体时代不同。恰恰相反，有时一篇稿件要呈现多种观点，供读者来做评判和选择。

这有点像做人的风格。20 世纪六七十年代出生的人，所受的教育是，要低调，要中庸，不能太有个性；而出生在 20 世纪 90 年代，甚至 2000 年后的这代人，他们所受到的教育是，要勇于表达自己的个性，彰显自我。

所以，你会发现，那些经常能获得 10 万 + 阅读量的文章，经常在观点的表达上，极端个性，毫不隐藏。甚至正是因为文章带着强烈的情绪，反倒更能一呼百应。

许多传统媒体人不屑于这一点，觉得这会让写作失去新闻人的客观。

但是新媒体的写作有时就是这样：当一个热点事件出来时，就像《娱乐至死》一书里所说的那样，人们还来不及分析事情背后的本质，更容易被情绪所裹挟。所以，许多新媒体写手就利用读者这种容易情绪化的心理，引发读者共情。

新媒体发展到今天，有许多人也意识到新媒体写作和传统媒体的写作应该互相取长补短。

有一篇文章曾经非常流行，说现在新闻发生了，写作者都不在现场，都是通过支离破碎的信息拼凑出一个观点，然后静等10万+。那种传统媒体人到现场深入调查，理性发声的写作时代渐行渐远，而民意经常被许多新媒体写手情绪化的文章带偏。

所以，今天，传统媒体人应该学习新媒体写作的传播方式和技巧，而新媒体写作者要学习传统媒体人的客观、严肃和深度，只有这样互相取长补短，文章才能更有力量，更有传播价值。

什么样的文章让读者有转发动机

看到那些刷屏的 10 万+文章,我们经常可能会羡慕地想,是什么原因让这篇文章引发了读者的纷纷转发?毕竟,只有读者大量的自动转发,才能使一篇 10 万+的文章产生,同时也才能产生广泛的影响力。

下面,我们就来分析一下,什么样的文章会让读者有转发动机。

击中读者痛点的文章

有人说,这是一个制造焦虑的时代。

比如像一些新媒体标题描写的那样:

月入五万,我在深圳依然过得像个穷人;

同学毕业十年,你还在月赚五千,他已经年收入百万;

……

2019年年底,有两篇新媒体文章刷屏了。

一篇是《三十岁失业了,我想过找工作不容易,但没有想到会那么难》。

另一篇是《创业一年,我亲手将公司开垮了》。

这两篇文章之所以刷屏,首先在于它击中了读者的痛点:中年危机和创业焦虑。前者,以一个讲故事的方式讲述了自己39岁失业后,找工作求职无门的尴尬经历,引起了许多人的共鸣。

后者,作者采访若干个开垮公司的创始人,讲述了他们如何将公司开垮的经历。在2019年经济下行压力的大环境下,在融资和创业环境都变得严峻的情况下,这篇文章同样唤起了许多人的焦虑感。

所谓痛点,就是读者内心意识到,想说又没有办法说出的话。这样的文章,如一柄利剑,让读者产生情绪上的波动,这样他们就会不自觉地转发。

曾经有人戏谑说,几类人群的痛点是:

中年女人,害怕变老和老公出轨;

老年人,害怕得病;

全职妈妈,育儿焦虑;

中年男人,害怕失业;

……

所以,你会发现,许多新媒体能产生 10 万 + 的文章,就是因为抓住了这几类人群的痛点。

有趣的文章

有些文章,如果写得有趣,语言风趣、幽默、毒舌,尽管不见得是写读者自己,但读者觉得这篇文章读起来很过瘾,也会纷纷转发。

新媒体大号"GQ 实验室"就经常喜欢写作这样的文章。

他们曾经有一篇《在北京,没有月薪五万的女人有多努力?》的文章。这篇文章以图文并茂的形式,讲述了生活在北京国贸、百子湾等地各类名媛的日常生活形态。里面充满了各种毒舌、有趣的描写。比如:

他们在描写朝阳区的传媒之花时,这样说:"她的背包从 MK 换成了 Neverfull,最后咬牙换了一个 Peekaboo——这些手袋的共同之处是,必须要能装下她的 13 寸 MacBook Air。她随时随地都可以马上打开电脑。"

在描写西北旺大厂名媛的生活时这样说:"大厂名媛有野心,野心是互联网批量制造的。她所处的行业每天都在造神,谁一夜就成为锦鲤,谁又成了大明星的女朋友。久而久之,她总觉得自己和这些事情有关系。"

类似这样毒舌、有趣的文章，让很多人都会惊叹作者的聪明睿智，情不自禁地转发。

目前一些新媒体大号中，像"冯唐""衣锦夜行的燕公子""孟大明白"等微信公众号的文章，之所以经常阅读量10万＋，就是因为文章有趣。

提供实用知识分享的文章

我曾经担任过北京一家粉丝过百万的民生服务微信公众号"最爱大北京"的总编。

这个公众号在2015年"九三大阅兵"时，曾经做过几期阅兵观看指南，当时几乎篇篇文章的阅读量都是10万＋。因为文章里，提供了非常翔实的阅兵仪式观看信息，很多人看完后，就会随手转发给家人和好友。

阅读量10万＋的文章中，还有一类是养生消息类的，这类文章是老年读者最爱转发的。

我有一个朋友曾经给我转发了他母亲微信朋友圈的一个截图，上面全部是各种诸如"牛奶不能空腹喝""不懂这些知识麻烦大了""隔夜菜不能吃"此类的消息。

豆瓣上很多网友也纷纷吐槽自己爸妈的朋友圈，全部是各种小道养生消息的转发。爸妈们愿意转发，是因为他们会特别想当然地想，这类实用文章一定可以给家人一些启迪和帮助。

读者觉得转发可以提高自己社交价值的文章

有一个词,叫作社交货币。

所谓社交货币,就是那些让你在社交时可以增值的东西。

所以,为什么许多人喜欢经营自己的朋友圈,让它显得特别有格调,其实一句话:经营自己的朋友圈,就是在上面累积更多的社交货币。

那什么样的文章,会让读者觉得转发了,可以让自己累积社交货币呢?

这篇文章能够提升他的身份和审美趣味。

这篇文章能够让他在相同价值观的人群中,找到谈资。

这篇文章让他可以被别人称为"先知"或者"布道者", 因为他分享了有意思的见闻、有价值的观点等。

那些全网疯传的爆款文章的写作规律

微信在 2012 年面世，标志着一个新媒体时代的到来。创办微信公众号，改变了很多人的命运。

从 2015 年开始，微信公众号产业大爆发。在此之前，很多人还以为微信公众号只是一个类似博客的媒体，但没有想到，微信公众号快速进入红利期，一大波知名公众号让创始人很快名利双收。

一篇篇的刷屏爆文，影响了许多中国人的生活。甚至某种程度上，改变了一些人的命运。

那些曾经让我们刷屏的爆文

说到爆文，这些年，你一定记得这些爆文吧。

新媒体大号"丁香医生"曾经发表了一篇报道直销公司权健的文章。这篇文章发出来后，迅速掀起了公众的转发浪潮，阅读量上千万，一夜之间，让权健品牌成为众矢之的，人人喊打。创始人束昱辉和他所创办的权健帝国也一夜之间倾倒。

"视觉志"曾经发布过一篇《朋友圈最真实的偷拍照：这世上除了生死，都是小事》的文章，发布 24 小时后，后台阅读量已经超过 1500 万，点赞数超过 20 万，引起了行业内的广泛关注。

这些年来，"视觉志"发过的爆文不计其数。网上曾经流传过一张图，仅在 2016 年到 2017 年，"视觉志"就产出了几十篇超出 10 万 + 的爆文。

你可能也还记得微信公众号"张先生说"的一篇爆文——《有两千万人假装生活在北京》，还有 2017 年的《北京，有 2000 万人假装在生活》《国庆旅游鄙视链分五级，你在哪一级？》等文章。这些文章发布后迅速刷屏，可谓超级爆款。

还有，再看看以下这些标题，你是不是对它们也都记忆犹新？

GQ 实验室：

《小孩儿才发脾气，成年人都得憋着》

《出国留学，可能是我人生中最错误的决定》

我要 What You Need：

《因为北京的房租太贵，我不敢分手。》

有趣青年：

《90后的日常：单身，没钱，奔三了》

真格基金：

《在朋友圈装死，去电音节蹦迪》

中国新闻周刊：

《我生不生孩子、有没有二胎，关谁事了？》

要让我一一列举，那这些年来产生的爆文实在太多了。

对于许多有志于写作的人来说，写出一篇10万+的爆文，是许多人的理想。

从经济效应来说，一篇10+爆文，可能会让你升职加薪；对于做产品或者负责公司品牌营销的人来说，一篇10万+的爆文可以让你的产品实现极大的推广效应；对于想拓展个人品牌的写作者，一篇10万+的爆文，可以让你的个人声名得到极大的传播。

除此以外，有那么多人看到你写的文章，他们评论这篇文章，为它鼓与呼；他们为它点赞，觉得它说了自己内心想说的话。我想这样的成就感，一定远远比一篇文章得到的稿费，更让一个写作者狂喜不已吧。

那么，这样的爆款文章的写作规律有哪些呢？这些写作者把握住了哪些要素，让这些文章成为爆款？

据我观察,有以下几个方面。

爆款文章:关注读者的关注

爆款文章的选题切入点非常好。

很多初学写作者,容易在写作的视野上受局限,思维模式是只写他感兴趣的东西。但是,你感兴趣的东西,就一定是读者感兴趣的东西吗?

所以,**成熟的写作者,多少需要有一些产品经理思维**,即在切入一个写作选题前,会想:这篇文章写出来后,会是读者感兴趣的吗?和读者会产生一个什么样的共鸣,或者利益连接?读者凭什么愿意去转发?等等。

只有找到目标读者感兴趣的写作点,才能让你的文章和他产生共鸣。

那什么样的主题容易让读者产生兴趣?

让读者感同身受的。比如,曾经有一篇反映校园欺凌的文章刷屏:北京一位中学生的母亲,写了一篇自己的孩子遭遇校园欺凌的文章,发布后引起了许多人的转发和共鸣。而转发者中,尤其以女性为主。为什么?就因为这样的主题让不少女性读者感同身受。

或者,**有的文章会让读者觉得干货比较多,是自己需要用到的。**

另外,新媒体写作中,**特别容易产生爆款文章的是跟风热**

点文。比如:

某个明星离婚了;

桂林航空的某位前机长,带着自己的网红女友进驾驶舱自拍炫耀;

红黄蓝幼儿园虐童事件;

……

出现这类热点文章时,有经验的新媒体写作者,会首先判断和思考:大家都在议论这个热点事件,我能从这个事件中,发现什么有独特意义的主题或者观点。然后也跟进发布自己的文章。

爆款文章:唤起了读者的强烈情绪

以理服人重要,还是以情动人更重要?其实两者都重要。就像谈判一样,很多时候一方面要去和对方讲理,但更多时候也要唤起对方的情绪共鸣,这样谈判目标更容易达成。很多新媒体爆款文章,就擅长引起人们情绪上的共鸣。

《北京,有2000万人假装在生活》之所以引发大量转发和阅读,就是因为这篇文章让那些在北京快节奏下,生存状态为只有工作没有生活的人产生了强烈共鸣。

视觉志的《朋友圈最真实的偷拍照:这世上除了生死,都是小事》,也是让读者产生了一种对这个立论的感叹:确实,没有必要经常计较什么，因为生死面前都是小事。

爆款文章：让读者感觉到新意

每个人都有知识焦虑。很多读者会想，能否在一篇文章里，看到我不知道的知识点，然后让我豁然开朗，产生一种"果然是啊，这个作者想得真高明"的感觉。

因此，要求你写新媒体文章时，不能人云亦云。

你要在评论一件事件时，看到读者恍惚感觉到的东西——但是他就是说不出来，然后你准确地帮他说出来了。

或者，你的文章，让他很"爽"—— 所谓互联网式的爽感。当你的文章写得能让读者心中的隐痛得到抒发，这样的文章不爆也不可能。

另外，要想让你写的新媒体文章成为爆款文章，还要在排版形式、讲述故事的方式等方面做出努力。

只有每个细节都完美呈现，挑剔的读者才会追捧你。

新媒体写作中的逻辑学和金句理论

微信公众号诞生时，有一句话是这样说的：再小的个体也有力量。

为什么有的文章能够成为爆款，而有的文章怎么写也成不了爆款呢？不能成为爆款的其中一个很重要的原因恐怕就是，你的新媒体文章缺乏逻辑学和金句理论。

下面，我们就来解决这个问题。

新媒体写作中需要的逻辑学

我在《时尚》杂志任职时，曾经接受过一个国际化的写作训练，记得当时老师说过一句到今天还让我特别受用的写作技巧："大部分文章的写作，基本可以遵循这样一个逻辑结构顺序：提出问题—分析问题—解决问题。"

在我看来，新媒体写作中的逻辑学理论，同样适用这个原理。

有的人在写新媒体文章时,发现自己特别容易犯这样一些毛病:

明明想好了一个主题,但写着写着就跑题了,自己都不知道自己要写什么;

明明积累了不少素材,但一旦开始写作,素材的堆积和引用,就显得特别混乱;

逻辑不清晰,作者都不知道到底要讲什么。

我的一个朋友曾经写过一篇新媒体文章,让我提提意见。

2019 年,一部叫作《致命女人》的美剧在网上特别火。

它讲述了三位生活在不同年代的女性(60 年代的家庭主妇、80 年代的社交名媛和 2019 年的律师)如何处理婚姻中的不忠行为。

我有一位女性朋友追剧追了很久,她特别对其中的贝丝的经历感同身受。

剧中的贝丝,当她改变自己迎合丈夫,努力修复关系时,却只换来一次又一次的谎言。丈夫对她的开心无动于衷——不影响给我做可口的晚餐,随你干什么。

她终于觉醒:并不是自己做得不够好,而是自己不够独立。

这部剧的编剧马克·切利曾经还编写了另外一部引起轰动的美剧《绝望主妇》,同样是讲女人在婚姻中的独立与依赖问题。

它引出了一个女人在两性关系中的一个痛点问题：男人到底靠不靠得住？

分析这段文字，存在一个什么问题呢？它的逻辑性不清晰：作者到底是要表达"男人到底靠不得靠住"，还是要表达"女人是否要独立"的观点？

虽然这两个观点大致相同，但在新媒体写作中最忌和稀泥式的写作：什么都想要，不能清晰有力地表达观点，结果就失去了逻辑性。

那怎样才能让文章看上去有清晰的、完整的逻辑呢？

一个作者在写作之前，要非常清楚写作主题是什么，自己要表达什么。这如同一个旅行者开始一段旅行，如果连自己去往哪里的目标都不清晰，怎么能保证路上不迷路，不走弯路呢？

知道了写作的主题和方向，然后，"提出问题—分析问题—解决问题"式的写作逻辑学就可以用上了。

一般爆款文章的写作逻辑是这样的：

首先，你要描述事件（提出问题）。

在文章的开头，你要先描述一下这个事件。即使新闻里到处都是，但你还是要用一定篇幅的文字，引用一些接下来对表达自己的观点有利的素材。

描述这个事件时，要简练，不能拖泥带水。第一时间引用越新的素材越好。

比如，讨论桂林航空网红进驾驶舱的文章，我曾经就看见一篇有影响力的新媒体文章，另辟蹊径地讨论起了"男人择偶为什么容易被胸大无脑的女人所吸引"的主题。这篇文章除了引用网红在驾驶舱自拍的事件，还引用了当年"周幽王为博妃子一笑，在长城上点烽火台"的典故等。

接着，你要分析事件（分析问题）。

引述完这些素材后，接着就要分析为什么了。

最后，你要还原真相或提出你的观点（解决问题）。

上海有一个叫作"魔都囡"的微信公众号，以擅长写热点爆文，每一篇文章都能冲上10万+而知名。他们的写作套路就是这样的：每出现一个热点事件，先简短描述这个热点事件，然后抽丝剥茧般地分析这个事件。比如：

这个事件背后，还有什么不可告人的秘密？

这个事件背后，反映了哪些别人还不知道的内幕？

这个事件背后，为什么让我们愤怒、焦虑，或者痛惜？

然后，它以一种和读者面对面探讨与聊天的方式，紧扣读者渴望知道真相的急迫心理，如同一个讲悬念故事的高手，一步步带着读者走近真相。

这就是新媒体写作中的逻辑学：提出问题—分析问题—解决问题。

总结一下，在新媒体写作中无论你是解决一个问题还是提出一个观点，都要步步为营、丝丝入扣地通过严密的写作逻辑，最后能自圆其说，自证观点。

否则，你自己的表达逻辑都混乱的话，读者又怎么能信服你呢？

新媒体写作中的金句

我们在看一些令人叫绝的新媒体文章时，常常会被其中的金句所打动。

比如，以下这些金句是否能让你留下印象？

我一直以为人是慢慢变老的，其实不是，人是一瞬间变老的。

人的一切痛苦，本质上都是对自己无能的愤怒。

世界上只有一种成功，就是用你喜欢的方式度过一生。

能够说出的委屈，便不叫委屈；能够抢走的爱人，便不叫爱人。

……

在很多新媒体爆款文章里，你都会发现金句的存在。成熟的新媒体写作者之所以大量运用金句，是因为它有以下作用。

- 升华所讲述的案例

如果不是讲一个完整故事的文章，一般新媒体写作时都是夹叙夹议。当描述完一个案例时，对这个案例的观点和感受，作者需要用金句呈现出来，帮助读者明白故事背后的道理。

- 达到传播作用

金句之于新媒体文章的作用，有点像那些乡镇街道的电线杆或者道路墙壁上的标语，让人看了一下子就能记住，并且广为传播。想想我们小时候，是不是特别喜欢抄一些格言、名人名言在自己的日记本上？这种对金句的喜爱其实许多人从小时候阅读时就萌发了。

- 达到立论的目的

一篇新媒体文章表达的观点用金句来呈现。如果用那种小时候写作文式的中心思想，特别长篇大论地提出来，显然不合时宜。新媒体表达观点的方式要求简洁、有力、鲜明、有个性。这时候，金句的作用就显现出来了。

只不过，创造金句，非常考验一个新媒体写作者的创意能力。有的新媒体写作者运用金句时，喜欢引用名人名言，或者某本书中的经典语句。比如海子、普希金的诗，以及《心流》等图书中的观点等。**更厉害的新媒体写作者，会自己创造金句。他们会根据自己的文章想要表达的观点，最后自发提炼出一些金句来。**

不管是用什么样的方式，好的新媒体文章金句不可缺少，它是让文章形成更大传播影响力的重要方式。

如何通过新媒体写作赚取稿费

这些年来流行两个这样的词语：斜杠青年、自由职业者。

所谓"斜杠青年"是指，可以身兼数职，有各种爱好，有多种赚钱本领的人；"自由职业者"是指，不隶属于任何组织的人，不向任何雇主作长期承诺而从事某种职业的人。一个人靠自己的职业技能，在家接项目就能生活下去。

在我看来，不管是斜杠青年还是自由职业者，靠写新媒体文章赚取稿费，是非常适合的一门技能，特别是在如今新媒体写作大爆发的时代。

那么，如何通过新媒体写作来赚取稿费呢？

分析新媒体市场

据微信平台统计，微信公众号自诞生以来，截至2019年底，公众号数量约有2500万个，而且还以每天数万个在递增。

最开始，许多写微信公众号文章的人并不知道通过什么样的方式去赚钱。直到 2015 年，微信公众号开启了广告模式以后，许多人好像才发现，原来通过写微信公众号文章可以名利双收。

于是，一大批知名微信公众号迅速崛起。经历了两三年的沉淀和市场淘汰后，其中像"张德芬内在空间""凯叔讲故事""有书""十点读书""视觉志""GQ 实验室"等大号，积累了一定的财力基础，为了丰富原创内容，开始大量向外界约稿。很多大号甚至开出了千字千元的稿酬标准。

据我粗略统计，目前有实力对外约稿的微信公众号，有上万家。我们如果按照一篇文章稿费最低为 500 元，一个中国普通发展水平的地级市的平均月工资 3000 元为标准计算，一个写作者，每个月平均写五六篇微信公众号文章，就可以抵上当地一个普通职工的月工资收入。这样的收入，自然吸引了不少人给微信公众号投稿。

判断你的写作风格适合什么样的新媒体

新媒体是比传统媒体更细分化的媒体市场。我知道许多新媒体公众号，在对读者的定位上，划分得细之又细。比如：

有一个叫"戒色俱乐部"的公众号，拥有十几万粉丝，专门为禁欲人群提供观点和资讯；

听说估值达数亿元的公众号"原醉"，拥有上百万粉丝，专门教女孩如何追求到心仪的男神；

还有一个叫"魔宙"的公众号，专门报道黑科技新闻，以及社会上一些匪夷所思的事件等。

在新媒体时代，曾经一稿风行天下的时代已经过去了。一篇稿件，更多时候需要专稿专投——如果这家媒体用不了，有可能就作废了。

这就要求新媒体写作者，在准备给目标新媒体投稿时，一定要精准地了解这家媒体的风格、读者定位、用稿要求等。如果你写了一篇心灵鸡汤文，就可能适合投给"十点读书""有书"或者"慈怀读书会"这样的公众号；否则，你投给"新世相"等，很大可能会被退回。

找到可以投稿的编辑

很多写作者会问："我想给这个新媒体公众号投稿，但是不认识它们的编辑，怎么办？"

有这样几个小窍门可以帮到你：

● 一般公众号都会附有自己的投稿邮箱或者编辑联系方式，找到投眼缘的编辑邮箱，将你的稿件直接发给对方；

● 有些新手小白，第一次投稿时，为了给编辑留下好印象，喜欢在投稿时，写上一大段留言，诸如"对编辑老师仰慕已久""已经关注贵公号"等文字，这样反倒有拍马屁之嫌。正确做法是，发送稿件时，简单明了地直接写上"原创投稿"四个字即可。这样做，也节约编辑的时间——试想想，有哪个编辑愿意花时间去读一长段和投稿无关的文字呢？

让你的文章在众多投稿中脱颖而出

想让你的文章在众多投稿中脱颖而出，要注意以下几个方面：

- **标题要抢眼。** 这时候，你就把编辑当读者吧，如何用标题抓住读者眼球，同如何用标题抓住编辑眼球的道理一样。

- **选题要新。** 同样几篇文章，编辑总会对观点新颖，切入角度讨巧的文章留下好印象。

- **不要一稿多投。** 很多作者在投稿时，会想着要不要学习传统媒体时代的一稿多投，以便赚取更多的稿费。这在新媒体时代是个大忌。因为微信公众号有特殊的大数据防洗稿和一稿多投技术，如果你的稿件在别的公众号发表过，或者你将发表过的稿件重新打乱"洗稿"了一遍，当编辑排完版推送时，就会自动弹出本篇文章与微信平台里哪篇文章重复或者相同的提示。如果这样，你就肯定会上该公众号编辑的黑名单了。

这些细节可以让你在编辑那里加分

现在很多写作者，因为赶工期或者抢时间，将文章投给编辑时，错字连篇，或者语法不通。

有些作者还振振有词，觉得我的立意好，语句通顺就行，细节之处用得着那么在意吗？

换位思考，如果你是编辑，看到一篇文章虽然写得好，但是错别字很多，格式不规范等，你是不是也会忍痛割爱？

将你的文章排好版，检查好错别字——这样一篇干净整洁的稿件到了编辑手里，即使最后用不了，也会给对方留下良好的印象。

与公众号编辑做好互动

中国是个人情社会，是人就希望能增进感情交流。

与公众号的编辑建立联系后，平时要多和对方互动，这也是赢取对方好感的方式。比如：

平时多给对方的朋友圈点点赞；

一旦过稿了，给对方发个小红包感谢一下；

在决定写稿时，先和编辑沟通一下你的选题，听听对方的意见；

……

这些小细节处理好，再加上你的文章精彩，相信我，你投稿的命中率就会提高很多了。

自从淘宝出现后，写作促进产品销售的软文的需求，就一直呈现蓬勃的增长势头。

　　以前我在传统媒体工作时，有时广告客户会发来他们的产品信息，接着再发来一个求帮助的表情"帮我写一篇软文吧，我们公司小姑娘写的文案像产品说明书"。

　　于是，也因为工作（和金主搞好关系），也因为实在看不下去那些文案，我经常亲自操刀修改（重写）客户的产品软文，然后再刊登到自己供职的杂志或者报纸上。类似的产品软文写多了，我感觉这是一个需求很大的产业。不信，你去网上搜索一下相关招聘需求，就能知道这个行业对人才的渴求有多么强烈。

　　这一章，我就结合我文案写作的经历，分享一下如何写出能促进销售的产品软文。

第六章

文案写作：
如何写出能促进销售转化的软文

一篇价值百万的软文是如何问世的

要问这个时代,最稀缺的人才是什么?

可能你的答案会有很多。

但我可以肯定地告诉你,至少有一个答案是:一个优秀的软文写手。

那些令文案圈叫绝的价值百万的软文

我曾经采访过一个朋友(这不是软文,是实实在在的经历)。

他叫甄妙,是广西南宁地区新媒体"南宁圈"的创始人、圈子文化传播公司 CEO、美至简网络科技公司联合创始人。在新媒体营销圈子里,有人说,如果你不知道甄妙,说明你还是一个圈外人。

在过去 10 年中,甄妙与他的"刷屏营销",成为网络营销界"神"一般的存在。他策划了"不懂为什么就是突然想打个广告""苏宁 818 手写体营销""朋友圈请江南春吃饭""共享男友(女友)""梁诗雅"等多起营销事件。他的许多创意都已成为经典网络营销案例,一次次地刷屏朋友圈,为他赢得"流量王"的美誉。让甄妙在营销圈一战成名的还是他在 2019 年策划的"用一条朋友圈换兰博基尼"的社交实验。

2019 年 4 月 8 日,甄妙在其同名公众号上发表了一篇文章《我准备用一条朋友圈换一台兰博基尼超跑》,随后有关这次社交实验的海报开始在朋友圈刷屏。这次实验的目的是他想给 35 岁的自己"过一个大胆的生日",而购买兰博基尼的筹款就是用"妙品牌营销实验室"一年的使用期作为交换。

这条消息发出后,"用一条朋友圈换兰博基尼"事件的相关内容被许多人疯狂转发,迅速成为微信、微博等各社交平台的热门话题,其带来的话题流量也创造了营销圈的经典纪录。

甄妙曾经说:"几年前,我的个人标签可以说是没钱、没资源、没人脉,找不到什么大品牌客户,但我创意比较多,会帮濒临倒闭的公司出点子,口碑就传了出去。"

他说,做营销就要擅长玩野路子,"营销的核心逻辑是满足人类天性中的欲望,对于营销人来说,要在把控底线的基础上,去做出一些有价值的东西。我不做违背初衷和价值观的事情,哪怕给我钱,我也不会去做。"

另外,说到软文营销的经典案例,微信公众号"GQ实验室"绝对也是顶级高手。

在这里试举一篇他们为宝马汽车策划的产生巨大反响的软文为例。

2019年,GQ实验室为宝马汽车策划了一篇软文,标题叫作《那一夜,他伤害了他》。

是不是光看这个标题,就特别吸引人?

都知道,GQ实验室对外的头条文章广告报价是一百万元,这篇软文可以说货真价实地值一百万了。

这篇软文选择了漫画的形式,大意是讲述有一夜,两个男人在酒吧里聊天的故事。

他们聊了十几个话题,读什么大学、年收入、度假方式等。每当甲男人说自己——比如月收入五万——读者已经觉得很不错时——乙男人就出其不意地反转,以不动声色的方式秒杀甲男人的实力,即所谓"那一夜,他伤害了他"。随着一个个反转,文章最后巧妙地把话题引到了宝马汽车的广告上。

这就是软文的魔力。据说GQ实验室这篇软文发布后,达到数千万的阅读量,并且有很多媒体纷纷转载,当然也让金主广告商宝马公司很是满意。

优秀软文能大幅提升产品的销售转化率

说到价值百万的软文,就不得不提到另一个软文营销高手史玉柱了。他策划的全国人民仿佛都知道的"脑白金广告",至今依然是软文界的经典案例。

当时,史玉柱决定推出脑白金产品时,在媒体上投放了一系列软文。这些软文,通篇没有卖什么产品的字样,完全都是这样的:

《人类可以"长生不老"?》,讲美国《新闻周刊》刊载脑白金相关报道,介绍脑白金的神奇;

《两颗生物原子弹》,将当时世界级话题"多利羊"克隆技术与脑白金相提并论,借此提高脑白金的学术地位;

《不睡觉,人只能活五天》,相对人不吃饭能活20天,不喝水能活7天,来强调睡眠的重要性;

《一天不大便=吸三包香烟》,讲大便的重要性,为脑白金的通便功能铺路;

《宇航员如何睡觉?》,旁证脑白金的有效性,可以改善宇航员的睡眠。

这些软文投入市场后,引起了许多人的好奇:脑白金到底是一款什么样的产品?

当市场上对它感兴趣的人越来越多时，史玉柱顺势推出了硬广"今年过节不收礼，收礼只收脑白金"，一下子引爆了市场。

让我们再来看看深圳一家叫作"轻生活"的公司。他们是生产卫生巾的，之前产品一直卖得不温不火。有一次，他们写了一篇软文，投放在一个叫作"书单"的微信公众号上。那篇软文大致讲述了一个男生为了女友而创业做卫生巾的故事。这篇软文上线后，阅读量很快上了10万+。据统计，那篇软文让他们的卫生巾产品卖出3997单。

这就是软文的神奇功效。

如果我们把软文定义为不只限于文字，也可以包括视频的话，那说到神奇的软文效果，美国纽约的一家餐厅很有发言权。这家餐厅曾经有一道菜叫作"融化起司"，据说最初尝过的人觉得并不好吃，销量一直平平。

但是有一天，一位网红博主帮助它在社交平台上播放了一则"软文"视频，一瞬间被很多人转发、分享，其扩散速度远超人们的想象。从视频上线的第二天起，餐厅的订单就暴增，顾客挤满了餐厅。餐厅老板为此火速增加人手，营业额暴涨了十几倍。

还有，2018年的春节，相信许多人的朋友圈都被一条叫作《谁是佩奇》的软文视频刷爆了。

那篇软文讲述了一个农村的爷爷因为不懂什么是佩奇，

而又希望为孙子自制一个佩奇礼物的亲情故事。这是典型的故事视频类软文，视频上线后，让许多人感动得流泪。

价值百万的软文特点

通过分析这些价值百万的软文，你会发现，它们有这样一个共同特点：**深谙人性。**

这些软文擅长从大众的关注点切入，比如从大众的焦虑、感动、好奇等处入手。因为这些都是人性的弱点，或者说是最容易引起人们共鸣的地方。

所以说，**一个好的软文写手，要懂点社会心理学，懂点人性心理学。**

软文作者先观察人们的内心最容易被什么事情打动，然后通过讲述一个故事或者设计一个事件，来引出希望读者购买的产品。

当你了解这一点后，有时就会感觉：写软文"功夫在诗外"。功夫不仅在写作上，你还需要有大量的阅读，大量的知识储备。只有这样，写出来的软文才能准确地抓住读者的心。

宣传个人 IP，巧妙利用软文营销

这个时代，人人要学会一点软文营销术。

我曾经看到一篇文章说，这个时代的年轻人，都想当网红。

为什么都想当网红？

有人说，因为张爱玲说过，出名要趁早。

还有人说，这个时代，各领风骚三五天，很多人没有安全感，要是不及时出名，不及时赚钱，还不知道下一个风口要转到哪里去了。

想当网红或者想出名，这都没有错。

当有些所谓老前辈义正词严地教训年轻人说，不要光想着出名要趁早，不要光想着一夜暴富时，我知道，许多年轻人听完，依然还会飞奔向出名的路上。

谁不想一夜出名？谁不想尽快赚到更多的钱？谁也不想错

过时代的风口。要知道,风口不会随时有,抓住一个风口,你的命运就有可能会被改写。

只是,为什么,有些人勤勤恳恳、起早贪黑,但还是出不了名?为什么有些人却好像是被幸运之神所眷顾一样,突然间就一夜成名?

其实,这背后,可能就是因为你不懂真正的营销术,不懂出名需要一些人设,需要一些精巧的营销策划的技巧。

不只是一家企业、一个品牌出名需要营销术,一个人出名也需要营销术。

以前,看过一篇对北京周边某县楼盘营销的广告的访谈。之前这个楼盘卖了好久,但成交量惨淡。一是好多人根本没有听说过这个楼盘,二是觉得远。

后来请来了一位营销大师,他给这个楼盘想了一个营销创意。这个创意,看似也不复杂——他在这个楼盘的广告海报上,写上了"离北京天安门××公里"的字样。

然后,这个楼盘立刻就火了。

"离北京天安门××公里"这个宣传语,立刻让许多本来完全不熟悉这个楼盘的购房人,一下子被吸引住了。一是觉得有天安门这个地标定位,好像并不远;二是因为有天安门这个识别标签,这个楼盘就蹭上了一个所谓大 IP。

最后,楼房很快就卖完了。

你看看,这就是营销的神奇力量。

还有，市场上某款小瓶白酒，有一段时间卖得挺火。之所以卖得火，除了精美的包装设计以外，还因为它的文案里写了许多人生励志名言。这些励志名言，让它与喝这款酒的目标消费者之间，形成了一种奇特的共鸣。这种情绪打动了消费者，让他们对这款酒趋之若鹜。

现在，人人都知道好酒也怕巷子深，好酒也要吆喝，否则，好酒也会藏在深巷中无人识。

但如何吆喝，许多人却并不清楚。结果使了半天劲，或者各种左冲右突地努力，还是没有效果。因为这背后，都有一整套的营销术，都有一套科学的营销思路。

这些营销思路包括：

- 你（品牌）怎么定位；
- 如何讲好你（品牌）的故事；
- 如何不断通过各种渠道输出你的声音和故事；
- 如何建立你的社群；
- 如何蹭热点；
- 如何整合各种资源；
- 如何制造话题；

……

只有谋定而后动，才不会打乱仗。

如何写作能促进销售转化的服务行业软文

相比卖实物产品的软文,有一类软文,卖的是"服务",比如希望获得客户的情感咨询。

在我看来,这类卖服务的软文,和卖实物的软文要求相比,既有一定的相似性,同时又有一定的不同性。

要想写好此类软文,关键要把握这几点。

要直击痛点,调动读者的情绪体验

曾经有一个朋友写了一篇希望获客的情感类软文,希望我给她提提意见。

让我们来看看这篇软文的原文:

分手60天,我实在受不了,主动去找他,软磨硬泡留下来,但他不为所动,把我当作空气!

他比我大3岁，是我公司的供应商。他追我的时候，很关心我，会照顾我的情绪，一切以我为主。在一起时间久了，我的真性情就暴露了。我比较情绪化，没有安全感，一旦发生矛盾，我就会和他提分手，有时候会和其他男生暧昧来刺激他，让他说爱我，不会离开我。

两个月前，我们闹别扭，我又提出分手。他不再挽留我，还说让我走，我心里有一万点舍不得。分手后，我会给他打电话，他要么接了就挂，要么就不接，发短信他也不回。用新电话给他打，他接了。他说受不了我一边说爱他，一边要离开他，还和其他男人暧昧。我向他解释，但他已经不信任我了。我真的放不下他，我知道自己错了，我后悔自己耍小孩子性子，但他说回不去了。

我该如何挽回他，和他复合呢？

这篇软文故事的写作有什么问题？

1.缺乏代入感。这个女生是做什么的？职业是什么？多大岁数？这些都没有描述，显得不像真实人物，倒像一个卡通符号。

2.缺乏情感感染力。之所以缺乏情感感染力，就是因为缺乏细节描写和感情的细腻渲染。

3.缺乏故事的反转和节奏感。

4.缺乏故事的个性。故事的套路有了，但是没有个性。

第六章 文案写作：如何写出能促进销售转化的软文

我给她这篇软文进行了修改，如下：

我今年 30 岁，在一家外企当 HR。2020 年 1 月 6 日晚上，我去找男友，在他的楼下等他。他出来，只是冷冷地看了我一眼，然后嫌恶般地说："你还来干什么？我们都结束了。"

我恳求他说："我错了，让我们重新开始好吗？"

他语气坚定地说："不可能了，我累了，厌倦和你在一起的日子了。"

然后，他头也不回地走了。我呆呆地站在那里，一种绝望般的感觉涌来，我连死的心都有了。

想起来，也是我的错吧，一切都怪我太作了。

他大我 3 岁，是我们公司的供应商。记得我们第一次相识是在一次宴会上，席间，他不断地朝我碗里夹菜，给人一种他特别会照顾人的感觉。我被他的绅士感打动，很快接受了他的求爱。那段时间，他宠我如同公主一般，我有时随口说想吃什么，他会立刻变戏法般给我买回来。

都说女人在爱情中是贪婪的，爱一个人越深，越容易挑剔他。有一段时间，我喜欢老是追问他："你真爱我吗？"最开始，每一次他都真诚地回答，后来大概是被我问烦了，越来越有些敷衍。只要他一敷衍，我就更加怀疑他对我有些变心了。我甚至开始查看他的手机，为此，他非常反感，说我管他太紧了。

我们开始吵架，甚至为了刺激他，我故意和别的男生暧昧，并暗示他，如果他对我不好，我就和别人相好。直到有一次吵架激烈时，我赌气说："我们分手吧。"

其实，我只是口是心非，但我说分手，显然伤害了他。那一次，他痛苦地问我："你是真的要分手吗？"

我虽然知道提分手不是我本意，但嘴上依然很强硬，回答他说是真的。

他沉默了许久，后来就那么一个人无声地走了。

他走后，我后悔极了，很快给他打电话、发微信，但他要么接了就挂，要么就不接。我用新电话号给他打，他接了。他说受不了我一边说爱他，一边要离开他，还和其他男人暧昧。我向他解释，但他已经不信任我了。

其实到现在，我真的完全放不下他。一个人静下来的日子里，我越想越知道是自己错了。我后悔自己耍小孩子性子，但他说回不去了。

我该如何挽回他，和他复合呢？

这样修改，就避免了她原文的不足，增加了代入感、情感感染力等。

情感故事需要有场景感

无论是卖货，还是卖服务，在写作软文时都需要有场景感。否则，就打动不了客户。

比如写一篇卖酒的软文，我们先来看一篇写得常规的：

来自澳洲名庄，好喝，符合大众口感；你只要拧开瓶盖，放根吸管就能喝。

对不起，是不是觉得平淡无味？你看了这段文字，也会直接飘过。

但假如将这段文字改成这样：

不知道你有没有这种情况，一个人工作累了，回到家，什么也不想说，只想独自安安静静地喝酒。然后喝着喝着，你就醉了。借酒浇愁或者借酒减压，让这款酒陪你度过心情低落时刻，补充能量，重新面对新的一天。

这样写，是不是会让读者产生一种熟悉的场景感，产生购买的欲望？

我曾经为某杂志写过一篇情感式软文，讲述一个女孩"找了一个爱情经纪人"的故事，其实是推广一家婚姻中介公司的中介服务。

相亲两个月，一个也没有我看中的。小米说："我的姑奶奶，你再这样挑三拣四的，我可真要准备下岗了。"

可是，心动的人就偏偏在这个时候出现了。

那是一次去香山捡垃圾公益行聚会，是由一家环保组织发起的活动。小米和我都积极报名参加，一是关心环保有爱心，二是也想借积极社交找到如意对象。结果那天去香山捡垃圾，垃圾没有捡几片，我倒捡到了一个让我心动的男人。

他叫张魁，高大帅气，是某家投资银行的高级业务经理，说话时有点儿喜欢脸红。这样的男孩，现在可是稀世动物。我一眼就喜欢上他了。

可是，稀世动物张魁显然没有看上我。当我看他口渴，主动递水给他时，他很平淡，礼貌地说："谢谢。"然后就借故避让到一边。我同时敏感地观察到，不只是我，同行的不少女孩都对他有好感。

我很是失望，只好暗暗求告小米："我的大经纪人，我有目标了，现在得看你的了。"我指指不远处的张魁。

小米立刻对我的心思洞若观火，她偷偷笑着说："好，看我帮你怎么把他拿下。"

小米使用的第一个方式就是炒绯闻。她对我说："你看那些明星们，想达到某个目标时，都会想办法炒绯闻，让人信以为真，我得先给你和张魁炒作点绯闻。"

我们的公益活动组织每周聚会。第二次上香山，路上开玩笑，小米的大嗓门就喊开了："哎，你们发现没有，我发现咱们这群人里面，有两个人特别有夫妻相。"

大家面面相觑，不知道小米指的是谁，她一指我和张魁：

"你看他俩，不就是很有夫妻相吗？"

我有些脸红了，同时偷偷观察张魁的反应。他似乎也有些羞涩，也偷偷地看了我一眼，我们四目相对，都赶紧避开了对方的目光。

那一刻，我知道小米的绯闻炒作有些效果了。

果然，从此以后，小米制造的绯闻声浪就一波高过一波。她四处放话，不但说我和张魁有夫妻相，同时还说我们的星座如何般配，这桩姻缘如何天注定。她还像个小报记者一样，说看见我们手拉手，还有爬山时张魁是如何照顾我。

风声越来越大，原来在一群人之中都不怎么关注我的张魁，有一天主动和我搭话了。他红着脸说："他们说我们在谈恋爱，你……你怎么看？"

我故意装作一副很无辜的样子说："谁这么爱乱嚼舌头啊，我这样子，怎么配得上你？"

张魁似乎有些手足无措，我心里则暗自好笑。

这篇文章里面的场景感就是郊游加谈恋爱，以及人物表情、对话等，会让人产生一种画面感。

要制造恐惧感和危机感

我曾经看过一段卖保健品的软文，它是这样写的：

我平时常感觉倦怠无力。

我最近头发掉得厉害,早起总能在枕头上看见脱发。

我晚上容易做噩梦。

我爬到六楼容易头昏眼花。

我饭量减少,最近经常没有什么胃口。

商家让客户对照自己做这个测试,然后顺势推出自己的保健品。因为对症和对号入座的恐惧心理,很多客户就会下单购买这款保健产品。

同样,情感式软文也可以利用客户的这种恐惧心理来促使客户下单购买服务。在情感修复和咨询领域,许多做情感咨询服务的公司就很擅长这么做。

让读者三秒钟之内就下意识点开标题

《知音》杂志的标题,据说在发稿之前,编辑和主编会反复打磨,在业界形成典型的"知音体"标题特色。

看看下面这组标题,是不是特别容易吸引你?它们就是典型的《知音》杂志的标题:

《妻子不计前嫌大义割肝救嗜酒丈夫》

《中国好人刘光辉:替亡友照顾年迈双亲》

《带着绝症老妈"临终"看世界》

《继父背上的白血病漫画少女》

好的情感服务行业软文标题,就是让读者两三秒钟内惊讶或者好奇,然后不假思考地点进来。

所以,**一是要做到戏剧性,二是要让读者产生共鸣。**

所谓戏剧性就是指要从标题里看到故事的戏剧性。比如这个标题《爱慕虚荣的悔恨,心上人娶了我妹妹》,读者看到后就会好奇:故事的主人公的心上人,怎么会娶了她的妹妹?

所谓共鸣就是要让每个人都在"知音体"当中,找到自己的影子,或者身份认同、情感认同、态度认同。总之,就是"说了那么多,总有一点能猜着你的小心思"。

在我看来,除了以上这四个重要的写作要求以外,将一篇情感故事写得能够有效促进客户购买服务,还需要做到以下两点:

- **要有一个好的故事开头。** 提问式或者倒叙式,都是不错的方式;
- **要有高密度的反转。** 在一个故事里,多加一些情节反转。

这些,我们在下文会详细讲述。

广为传播的软文的写作技巧与要领

有时看到一篇精彩的软文,你会佩服作者的功底:他怎么就有这么巧妙的创意?他怎么会有这样令人叫绝的文笔?他怎么会如此擅长讲故事,将一篇软文扩散得仿佛地球人都知道?

其实,只要你掌握一些广为传播的软文的写作技巧与要领,你一样可以写出有影响力的软文来。

技巧一:学会讲故事

软文写作中,会讲故事是将软文写好的重要手段。

罗伯特·麦基在其《故事》一书中说过,喜欢听故事是人类的天性,从原始人喜欢围着篝火,一起分享各种见闻时就开始了。

如何将故事写得好看?

在各种文体的写作中，我经常写剧本，同时也在一些学校给许多编剧授课。好莱坞剧作法中，有一条屡试不爽的讲好故事的规律：**序幕— 开场— 激励事件— 发展— 高潮— 结局**。

有时也可以称为：**目标— 阻碍— 努力— 结果— 意外— 转弯— 结局**（也可以简化为：目标— 意外— 转弯— 结局）。

这其中有两个关键技巧：

一是学会写激励事件。

什么叫激励事件？它是所有故事的楔子。在一个故事的结构中，激励事件是重要的关键点，可以被理解为故事最开始的转折点，是一个故事矛盾真正开始的导火索。从此之后，故事主人公的生活被改变。

二是学会写故事的反转和一波三折。

举一个例子：

有两个人在室内密谋，另一个人在外面偷听。密谋的人好像发现了偷听的人。这时候，偷听的人一惊，隐藏起来。这时候观众以为偷听的人躲过一险，替他松了口气。但密谋的两个人告别后，其中一人看似漫不经心地回到屋里，突然说："别躲了，出来吧。"

这就是反转。所谓反转就是出其不意，反人之惯性思维模式。当读者放松时，要制造紧张；当读者紧张时，要让他放松。

许多剧情类的抖音短视频大号，最重要的就是深谙这一点，有时一个短短一分钟的视频里，就有两三个反转，让读者感到深受吸引和好看。

技巧二：写作逻辑一定要清晰

今天这个时代，许多人都是在手机上看软文的。所以一篇好的软文，一定要在结构上逻辑清晰，绝不含糊。

上一章讲述新媒体写作时，说过我曾经接受过一次国际化的写作培训，培训老师讲的一个写作文章的结构技巧，至今让我受益匪浅。她说，世上所有文章的写作，基本都可以遵循这样一个逻辑结构：**提出问题—分析问题—解决问题。**

后来当我带着这个经验去观察所有的软文或者新媒体写作时，发现同样适用。因为你写一篇文章，首先要提出写这篇文章的目的是什么——即要解决一个什么样的问题，这也就是所谓提出问题。

提出问题是第一步，接着就要分析这个问题是什么。比如你准备写一篇"××饮用水很优质"的文章，你先提出一个问题"为什么××饮用水很优质"，接着就要分析，为什么你认为"××水很优质"。

最后解决问题——你通过有条有理的分析，得出结论：没有错，××水确实很优质。

同时，在遵循这样的写作逻辑结构时，你还要学会错落有致地写作。

所谓错落有致，即大处着眼，小处着手。这有点像中国传统国画艺术里的留白与精雕细刻，关键细节和情节一定大写特写，不关键的情节几笔带过。

技巧三：软文的标题一定要抢眼

看看下面这几类经典软文标题，你能从中获得什么样的启发？

《小站长年收入10万不是梦——我的奋斗历程》（某网站培训软文标题）

《19年的等待，一份让她泪流满面的礼物》（某礼品软文标题）

《为了这个网站，我和女朋友分手了》（某网站软文标题）

《老公，烟戒不了，洗洗肺吧》（某保健品软文标题）

《是什么让他的爱车走向了不归路？》（某防锈产品软文标题）

《一生有三分之二的时间，是在床上度过的，为什么不选个好床垫呢？》（某床垫软文标题）

《有"锂"讲得清》（某手机电池软文标题）

《千万不要为了当老板而去创业》（某招商软文标题）

分析这些经典软文标题，你会发现，好的软文标题，可以通过这样一些技巧吸引眼球：

要会混搭各种概念，如《有"锂"讲得清》；

要让读者产生好奇心，如《千万不要为了当老板而去创业》；

要让读者感觉煽情，如《19年的等待，一份让她泪流满面的礼物》；

要给读者制造一定的"再不买，这个珍贵的东西就可能再也买不到了"的焦虑感，如《一生有三分之二的时间，是在床上度过的，为什么不选个好床垫呢？》

要适当渲染梦想，甚至给予适度的夸张和刺激，如《小站长年收入10万不是梦—— 我的奋斗历程》。

只有擅长取标题，你的软文才能让读者产生点击观看的欲望。

技巧四：把软文写得像新闻稿一样

我在传统媒体当编辑的时候，经常和很多公关公司合作。

有时候，那些公关公司希望编辑发表的稿件，一看就是软文广告。这样的稿件，无论公关公司怎么改头换面，都必须按照规矩，刊登在广告版面上。

但有一类公关公司发来的稿件，编辑会感觉不但不需要放到广告版面上，甚至要推到新闻版面—— 因为，那看上去就是一篇新闻稿啊！

这样的软文,有时商家不付广告费,可能有些编辑都愿意主动刊发。

要想将软文写得像新闻稿一样,就需要在编写事件或故事时,运用时间、地点、人物、事件的起因、经过、结果——新闻六要素。

同时,要首先为你要写的内容找到一个写作的新闻由头。所谓新闻由头,指将客观事实作为新闻传播的依据或契机,即一个事实所以成为新闻的根据。说得直白一些,就是指新闻被编辑采用和发布的原因。

那些文案圈疯传的软文的写作技巧

总有一些软文文案让我们泪流满面,让我们拍案叫绝,任凭时光荏苒,多少年后,我们依然记得那些让人惊艳的文字。

下面,我们来分析一些那些文案圈疯传的软文,看看他们的写作技巧在哪里。

百度外卖软文:几句话总关情

百度外卖的文案《人生不过76000多顿饭》是走心文案的典型。我们先来欣赏一下这篇精彩文案的片段:

如果活到70岁,
你可能与200多万人擦肩而过,
迎接过25000多次清晨和黄昏,
当然,也吃过76000多顿饭。

……

人生不过 76000 多顿饭，

酸甜苦辣都是滋味，

每顿饭都值得被用心对待。

对中国人来说

吃饭还承载了许多文化属性

你现在最想和谁吃饭？

当年，百度外卖的文案发布在各大媒体上，相信这些话特别能打动那些奋斗在大城市的节奏快、压力大的所谓"社畜"们。这篇文案的高明之处就在于，它敏锐的击中了百度外卖的主要用户的痛点。

它先做好了一个人设：一个在大都市努力奋斗的年轻人，可能是"蚁族"，可能是加班到深夜的码农（程序员）——他们是外卖频率最高的消费者。

接着，这段文案用一些鸡汤和金句来触动他们内心最柔软的部分，以朋友的口吻去鼓励安慰他们。可以想象，当一个目标消费者看到这样的一段文案，怎能不对这个品牌产生良好的印象？

江小白的文案：段子手是这样产生的

要说文案界，最让人佩服的除了杜蕾斯以外，就是江小白了。近些年白酒市场不景气，作为传统酒品，江小白在竞争激烈的白酒行业中高速发展，以黑马之势席卷而来，这其中大部分功劳，要归功于它的精彩文案。尽管后来江小白销售下滑，但是不影响它的文案成为经典。

我们先来欣赏一下它的部分经典文案：

最想说的话在眼睛里，草稿箱里，梦里，和酒里。

曾以为青春是QQ签名里最后的倔强；原来青春在没有美颜和滤镜的相片里。

单身或脱单你来把控节奏，只因你不想被年龄定义人生。

早知道很多人走散就不会再见，就该说出那句吞回肚里的话，给出本该给予的拥抱。

都知道，白酒行业竞争激烈，当年江小白确定开发小瓶装时，他们经过市场调研，将用户锁定在25至35岁的都市白领，特别是那些正在职场打拼的年轻人。

如何让这些消费者喜欢上他们的酒？

如何让这些消费者认可江小白？

所以，江小白大胆选用了段子式的文案风格，用"语不惊人死不休"的文案来让目标消费者产生共鸣。

然后就有了我们看到的文案，它们印在"江小白"的外包装上，当江小白的消费者和朋友喝这款酒时，是不是瞬间会产生一种"倍儿有面子"的感觉？

这就是优秀文案的过人之处——从内心里让目标用户产生价值观和情感上的认同。当他认同你了，怎么会不去使用你的产品呢？

凡客诚品的文案：让每个消费者为自己代言

如果你看到下面这段文字，是不是会立刻想起一个品牌？

> 爱音乐，爱写作
> 爱电影，爱阅读
> 爱游戏，不爱做作，有时反应迟钝
> 我是×××，我不代表90后，我只代表我自己。

没有错，它就是知名快销服装品牌"凡客诚品"。这段文字是前些年凡客诚品风靡网络和社交圈的一组产品广告文案。尽管凡客诚品后来因为盲目扩张等原因最终消亡，但其精彩的文案写作，影响了很多人。

记得那些年，王珞丹和韩寒代言的凡客诚品大幅海报，贴在北京地铁的广告墙上，许多用户都忍不住拿起手机，在海报前拍照留念。在微博等社交媒体上，也有许多人自发的用凡客体套用在自己身上，创造出各种"我为自己代言"的段子。

凡客诚品的这段文案，就在于它精准地捕捉到了当时的

85后、90后一代喜欢彰显自己个性的精神气质,并且用一种人人皆可套用的"凡客体",迅速达到了四两拨千斤的传播功效。

杜蕾斯的文案:创意就是跨界的想象力

杜蕾斯的文案,**最值得学习的地方,是它的快速创造和贴合品牌调性的能力**。而且因为它是性产品,天然就具有很强的话题优势,对热点的捕捉便更容易独树一帜,能够快速抓住社会舆论,创作出贴合产品调性的好作品。

比如,它有一篇文案借助妇女节,既支持了女性,又宣传了自己的品牌。文案是:

先有你们,再有我们。

杜蕾斯的很多文案曾经都引起了很大的反响。比如:

2011年,一场大雨淹没京城。杜蕾斯想出将避孕套套在鞋子上防雨的创意。该微博一经发出,一个小时内就转发过万,成为当年经典的营销案例。

而在娱乐明星文章出轨,马伊琍发表声明称"婚姻不易,且行且珍惜"时,杜蕾斯说:"有我,且行且安全。"

杜蕾斯的软文文案写作,一向受人称道。我自己也写过几本有关两性的书，所以对杜蕾斯的品牌宣传尤其关注。在我看来，杜蕾斯的文案之所以经常被软文圈疯传，有这样几个值得学习之处：

- **特别擅长借热点来营销**。任何热点一发生，它的反应就像那些蹭热点的自媒体作者一样，迅速找好了自己"蹭"的角度。而杜蕾斯不管如何蹭热点，总能和它提倡的幽默、风趣、健康、快乐的两性价值观挂上钩。
- **擅长跨界**。如果它单独地就两性说两性，时间久了势必也枯燥无趣。杜蕾斯的巧妙之处就在于，它总能将看似不相干的事情，与两性关系混搭起来。就像光大银行出了一则乌龙事件，杜蕾斯借势发挥，天才般创作了"光大是不行的"营销文案，不得不让人佩服其对文案的想象能力。

软文写作要有产品经理思维

软文写作和产品经理,这两者有关系吗?有些读者可能会产生疑问。

其实,要想把软文写好,产生比较大的反响,在写作过程中有产品经理思维非常重要。

像产品经理一样,面向精准用户

当你开始写一篇软文时,首要的当然是要了解,这篇软文针对的用户画像是什么样的。你可以问自己以下一些问题:

用户主要是男性还是女性?

他们主要是什么年龄段?

他们的月收入区间如何?

他们的个性喜好是什么?

他们主要生活在一二线城市还是三四线城市？

等等。

资深互联网产品经理梁宁说过，如果你不懂你的用户，不知道用户习惯是什么，那就证明你不是一个合格的产品经理。

作为互联网产品经理，首先要研究自己的产品是为什么样的用户服务的。这样才能针对性地不断深挖他们的消费心理、生活习惯等，让自己的产品和用户之间形成有效的互动。

一个软文写作者，如果把本来写给男性用户看的软文，通篇写成都是针对女性用户的文字，只能说，这样南辕北辙的写作，一定达不到想要的效果。

像产品经理一样，深挖用户痛点

有一句话说：好的产品经理，比你的爱人还要懂你。

他知道你的喜怒哀乐是什么，你恐惧什么，你最希望获得的帮助是什么，最渴望马上解决的问题是什么……

就像打车软件滴滴的产品经理，需要研究用户的出行痛点是什么一样。

好的软文写作，会准确地直击用户痛点。

像产品经理一样，有把握关键点的能力

俗话说，打通任督二脉，一切就全通了。

产品经理在关注一个产品时，一定会关注它的核心优点，关注产品的差异化。因为就像一个普通消费者进商场购物，他一定对商品的优势和特色最为关注。我们买一个加湿器，如果这个加湿器不但具备加湿器的功能，还能省电，或者加湿器还有一个空气净化功能，这样的加湿器显然更能打动我们。

所以，软文写作者就要抓住优势和特色来重点写作，即把握宣传的关键点。

像产品经理一样，具有用户使用场景思维

一个资深产品经理，他一定具有用户使用场景思维。

比如，一款在设计上侧重旅行功能的汽车，产品经理向客户介绍时会强调用户使用场景，"如果你购买了这款汽车，一家五口去旅行，无论是茫茫草原还是一望无际的戈壁公路，都是很酷的体验""携恋人自驾游，一路上很拉风"，这样更能激起用户的购买欲望。

同样，软文写作者在写产品软文时，也要能像产品经理一样，考虑用户使用场景。

比如一款功能性饮料，一般的软文写手可能这样写："它鲜美可口，含有丰富的维生素 C。味道醇厚，强烈推荐你购买。"

用户看到这段文字，是否会无感？

假如你用产品经理考虑用户使用场景的方法，重新来写这篇软文，如下：

你可以在深夜回家，一个人追剧时小饮一瓶，它能抚慰你劳累了一天的身心，变身你的能量站。

你也可以在和三五好友爬山旅行时，携带几瓶，当饥渴难耐时，它能够及时补充体力，为你加油。

你还可以在办公室下午三点工作疲惫的时候，靠它及时补充能量，然后重新变身工作达人。

……

这样的软文写作，是不是就会让用户有了一种使用场景感？请记住，用户喜欢你直接教他怎么做，怎么体验，这样才能加深他对你的信赖。

我在情感写作领域，多少有一些知名度。除了出版了十几本图书，也给大量的女性、情感媒体写过专栏。所以，有时出席一些场合，有人向别人介绍我时，对方可能首先会说："哦，我知道他，是一个情感作家。"

我想，这大概就是个人 IP 的力量。一个写作者，必须要有自己的写作特色，要有自己的写作专长，要学会积累自己的粉丝。

都说这是一个粉丝经济时代，也是一个 IP 经济时代，学会经营个人 IP，可以让一个写作者，取得事半功倍的效果。

所以，最后一章我就重点来分享一下，写作者如何通过写作来打造个人 IP。

第七章

如何通过写作打造个人 IP

写作者如何打造个人 IP

李子柒火了,不仅在国内火了,而且火爆海外。

她是一个在全网有好几千万粉丝的视频博主,被许多媒体誉为中国文化输出的"代言人"。尽管社会上对她有各种争议,但并不影响她强大的吸金能力。

作为一个写作者,在这个时代,同样要学会打造个人 IP。

你有 1000 个忠实粉丝就能活得很滋润

著名互联网预言家,畅销书《技术元素》的作者凯文·凯利曾经说过,在当今社会,如果你有 1000 个忠实粉丝,这些粉丝对你推出任何产品都积极响应,那么你就能活得非常滋润了。

2019 年,讨论得最多的大概就是网红经济、个人 IP 打造话题了。

一方面，传统行业里，许多行业都在唱衰；但另一方面，一些快手和抖音上的网红年收入上千万、上百万的比比皆是。

所以，有一个说法是，这一代年轻人的理想都是去当网红。毕竟，一个阿里 P8（高级专员）的年收入才几十万，而一个三线网红的收入就能达到这个水平。更何况，P8 和网红谁更辛苦，一目了然。

当网红，打造个人 IP，给了这个时代的年轻人最好的弯道超车的机会。

以前，打造个人 IP，好像是只有明星才有的特权。只有靠经纪公司炒作，靠包装，靠不断接演影视剧，一个明星才能成名，才能拥有大量粉丝。

但在网红时代，许多草根明星崛起。

只要你有持续的内容输出能力，只要你有正确的人设，只要你在某个点上"get"（抓住）到了万千粉丝的心理，你就有可能一夜爆红。

所以关键问题是，一个写作者如何才能拥有上千乃至上万，甚至更多的忠实粉丝？

打造个人 IP，首先重在人设

你去看看抖音等短视频平台，以及很火的那些个人微信公众号等，都会发现一个基本规律：那些个人 IP 打造成功的网红，都有一个鲜明的人设。比如：

你是搞笑达人，那么你就要思考如何让自己输出的内容搞笑；

你是情感达人，那么你就要思考如何让你的情感鸡汤煲得恰到好处；

你是一个美食达人，你就要思考如何让你做的美食吸引更多用户；

……

我采访过数十位知名网红，从他们打造个人IP的经验中，相信能给写作者带来一些启发。

比如知名美食达人何亮，他的人设和定位就非常准确，所以在抖音上爆红。

此前，何亮是一个圈内小有名气的大厨。有一次，他去录制一档美食节目，表演了一个盲切土豆丝的技艺。之后他把切土豆丝的视频发到了抖音上，没有想到当天就涨了2000多个粉丝。

这下子，让何亮对抖音的兴趣高涨起来。而且，抖音上许多粉丝给他留言，说他的厨艺太精彩了，希望还能看到更多他教做菜的视频。

于是，何亮就把更多的自己做菜的小视频传到了网上。很快那些小视频受到网友喜欢，大家看到一个幽默的、喜欢搞怪的大叔大厨，经常变魔法一般地抖出一道道色香味俱全的美食来，觉得很是神奇。不到一年时间，他在抖音上的粉丝就达到 400 多万。

可以说，**无论是何大厨还是更多其他网红达人的 IP 打造，之所以能快速胜出，首先在于有鲜明的人设。**这有点像产品经理思维——如果把众多网红比喻成一个大市场，那么你的产品特色是什么？你如何在市场上迅速地脱颖而出？正确的产品定位才是爆红的关键。

你的受众人群是哪些

对于一个写作者，如果要打造个人 IP，合理的人设定好后，接下来要做的就是分析个人 IP 的受众人群了。

一个写作界的情感内容网红，显然吸引的粉丝是以女性为主，但还需要再细细划分是什么样的女性粉丝：她们的年龄段、价值观、性格特征是什么。

一个写作界的创业内容网红，显然吸引的更多粉丝是职业经理人，所谓职场"白骨精"（白领、骨干、精英）等那些有创业梦想的人。

拿互联网上很火的产品经理梁宁为例。

梁宁，曾任湖畔大学产品模块学术主任，联想、腾讯高管，工作经历横跨 BAT，与京东、美团、小米等企业有长期深度交流，被誉为"中关村第一才女"。她还是得到 APP 上的课程《产品思维 30 讲》的主理人，该课程有超过 20 万人购买。

那么，到底是哪些人在追捧梁宁？哪些人在购买她的课呢？

显然，是那些极其渴望成长和成功的职场白领。

梁宁的课具有严谨的逻辑思维，这让厌倦了鸡汤和浮躁、遵循实用主义的职场精英，觉得她讲的都是干货。她还因为结识许多大佬，所以引经据典的案例让许多人深信她的专业性。

而且梁宁爱学习，读过很多书，还擅长把别人的知识整合成自己的知识系统再讲给别人听，对于那些渴望成长但又因为工作忙碌无暇学习的职场精英来说，她承担了一个"知识保姆"式的作用。

所以，喜欢她的粉丝绝对不是鸡汤一族的爱好者，更不是军事文化爱好者，而是那些职场上奋力打拼、渴望成长的职场人士。

所以，**一个写作者要想打造好个人 IP，就必须清晰地知道自己的粉丝和受众定位，然后用产品经理人的思维来服务好受众。**

要有持续的内容输出

打造写作者的 IP，做好了人设，也知道了用户画像后，还有一个重要的工作就是持续性的内容输出了。

我采访过一个很火的网红"局座"。

2016年10月24日,"局座"写了第一条微博:"总是在潜水,从未浮上来。大家好,我是张召忠。虽是老司机,微博还真不会玩儿。初来乍到,各位大侠多关照。集结号吹响,人都到齐了?大家坐稳了,'局座'召忠号列车就要开车了,老司机踏上新征程,跟大家一起嗨!另,祝世界和平!"

写这条微博时,他还发了自拍照,随后又录了一段视频。微博一天内就吸粉88万!

很快,他的微博开通一年后,粉丝就达765万,开通三年多的微信公众号粉丝达241万,今日头条粉丝446万,B站粉丝92万,一点资讯粉丝120万。此外,他还参与电视、网络节目直播,并出差讲课等,可以说,人气爆棚。

局座之所以如此受年轻人的欢迎,与他亲民的风格,勇于放下身段,平等地和年轻人交流,且敢于自嘲、自黑,用年轻人喜欢的网络语言等和年轻人交流有关。

同时,精准的内容定位也是让他爆红的原因之一。

所以,持续的内容输出非常重要。我曾经看到有一篇爆文说"李子柒能这么火,背后有你吃不了的苦",是说她这些年持续的内容输出非常不容易。

你可能看到别人的成功,同样需要看到别人在背后的默默付出。

写作者打造个人 IP 会事半功倍

对于写作者来说，打造个人 IP 的作用是：**因为你个人的知名度起来了，形成了个人品牌，一则可源源不断地创造优质的内容，二则可与粉丝进行互动，三则产品变现可多样化。**

有些写作者会说："我不应该将精力放在个人 IP 打造上，我应该专注于自己的写作。否则，那是不务正业，浪费时间。"

有些写作者会说："个人 IP 打造，会不会因为过于高调，喧宾夺主，让别人反感？"其实，这要看你是在什么样的时机，通过什么样的方式去打造个人 IP。

如果在写作初期，你接到的写作业务正迅猛增加时，写作的同时注重打造个人 IP，这样可以让你少花钱得到最佳郊果的个人品牌营销，有利于为你将来提高写作业务的报酬作积累。

而且，精准的个人 IP 定位和打造，可以让你在粉丝心目中，树立起积极、阳光的正面形象和更有效率的互动方式。就像刘同打造的励志作家 IP，可以让出版市场和粉丝一想到青春励志作家时，首先就会想到他。

这样的 IP 打造，对于你的写作来说，谁说不是事半功倍呢？

斜杠写作者：写作如何与其他兴趣爱好并存

越来越多的斜杠写作青年

很多写作者，最开始并不可能完全以写作为职业，很多是从业余写作开始的——一边上着班，一边利用业余时间写作。这种生活状态在《纽约时报》专栏作家麦瑞克·阿尔伯看来，就是一个人选择双重职业或者多重身份。他在自己所著的《双重职业》一书中，将不再满足"专一职业"的生活方式，而选择拥有多重职业和身份的多元生活的人群，称为斜杠青年。

"斜杠青年"顾名思义，就是一个人拥有多份职业。比如工作时间是IDC（互联网数据中心）行业的程序员，休息的时候就变成了笔耕不辍的作家，周末还能化身变出一桌美味菜肴的营养师。这种一人身兼"程序员/作家/营养师"的多重身份，就是对"斜杠青年"的诠释。

好像一夜之间，我发现周围的斜杠青年越来越多了。

明星黄磊就是一个典型的斜杠青年。

他先是当演员，演过《你是人间四月天》《我爱男闺蜜》《小别离》等电视剧，塑造了许多观众喜爱的角色形象。

他之前还是北京电影学院的教师，海清等知名演员曾经都是他的学生。

从演员到老师，这样的斜杠还不够，他还是一个美食达人。

因为喜欢美食，他不但经常上电视节目教人做饭，还开创了黄小厨的知名品牌，在美食界也要斜杠一把。

黄磊的斜杠，其实正是跨界融合，充分地让所拥有的资源价值最大化。

当老师时，可以熟悉表演技巧，积累演艺圈人脉，这样更能让他的演艺事业风生水起。

所以，在和学生海清合作《小别离》时，他就说因为和海清以前有老师和学生这层关系，省去了许多重新磨合和熟悉的过程。

而因为当演员积累的名气，当他创办美食品牌黄小厨时，直接又为他带来巨大的流量和影响，直接省去了许多广告费。

这样的人生，大概就是让人羡慕的一种活法吧。

我还认识一个写作者，她也是将"斜杠"做到了极致。她的正式职业是在一家房地产公司做销售经理，带领部门十几号人，年年获得公司的销售业绩冠军。

这辈子，只能是一个卖房子的？她可不这么满足。

业余时间，她将这些卖房子的感悟写下来，放到在行（知识技能共享平台）上。她还到处演讲，甚至出书。许多人愿意付1小时5000元来约她吃午饭，向她咨询销售经验。

听着好像没有"巴菲特的午餐"那么值钱，但她的眼光可不仅在于此。她说："我既和别人分享了经验，赚了咨询费，更重要的是我积攒了人脉，积累了更多客户，何乐而不为？"

我以前采访过的《非诚勿扰》的点评嘉宾黄澜也是一个典型的斜杠青年。

众所周知，在去《非诚勿扰》做情感专家之前，她是影视圈的"最美金牌制片人"，制作过热播电视剧《辣妈正传》《虎妈猫爸》《女医明妃传》《如懿传》等。

因为经常制作情感生活类影视剧，又加上学过心理咨询师的课程，所以她干脆在当制片人时，玩了一把斜杠。

自从接替黄菡担任《非诚勿扰》的点评嘉宾以来，她因为靓丽、优雅、自信、睿智的点评风格，被网友誉为"《非诚勿扰》女神"，更有男嘉宾直接在台上向她表白。

你看看，许多女性就是这样，将斜杠玩出了新花样，玩出了新精彩。她们的人生，也因此有了更多可能。

谁说人生只能有一条路可走？

那是20世纪七八十年代的观念了。现在，社会生活如此丰富，职业之路有如此之多的选择，如果你就是一个想尝试更多可能的人，那就不妨去做一个斜杠青年。

斜杠写作青年要学会时间管理

可能许多人的问题是，"你说得没有错，我也想做斜杠青年，一边写作一边兼顾其他工作，我也想让我的人生活出更多精彩。但我有时候只做一份工作就累得人仰马翻，哪里还有时间去发展其他斜杠？"

其实，主要的问题是，你需要学会时间管理，将业余时间利用起来。

记得我在采访黄澜时，她独自带两个孩子，担任着新丽传媒的电视部总裁，又要做《非诚勿扰》的点评嘉宾。面对这么繁忙的工作，许多女性可能就得手忙脚乱、焦头烂额了。对此，黄澜却有自己的一套时间管理方法。

她每天早晨送孩子去上学后，就在办公室集中精力高效处理工作。大多数时候，平均一天要开4个会议，会见数位客人。白天高效率地工作，是为了尽量不加班，好晚上回家陪孩子。

晚上孩子睡觉之前，是她雷打不动的亲子时间。这段时间，她会给孩子讲故事，陪他们做作业等。在她看来，亲子时间不在时间长短，而在质量，所以那段雷打不动的亲子时间里，必须提高质量。

而当终于把孩子们哄上床睡觉，夜深人静的时候，就是她看剧本，挑选项目的时间了——许多观众熟知的热播剧就是在这个时间段被她挑选出来的。

有一句话说：比你优秀的人并不可怕，可怕的是那些比你优秀的人，比你更努力。

当你在撸串时，他们在学习。

当你在逛街时，他们在看书。

当你在贪睡时，他们在跑步。

当你在享受美食时，他们在谈生意的路上。

这样的努力，可能一天两天看不出效果，但只要你坚持去做，总有一天会开出美丽的玫瑰。

做斜杠写作青年的注意事项

要想让你的生活有和别人不一样的精彩，让你的写作和其他工作兼顾的话，在选择新的职业之前，你也需要注意以下几点：

1. 单点必须突破，这样其他斜杠才能更好地进行。

正所谓"商而优则仕，演而优则唱"，其他领域开辟的前提，是第一领域做得足够出色。这样才能保证有足够的时间、金钱和精力，去拓宽视野、学习知识、练习技能。

2. 最好同时不要超过三个"杠"。

有些人好奇心太重，什么都想尝试，什么都想参与，结果很可能就像寓言《猴子下山》中的小猴子一样，得了芝麻丢了西瓜。人的精力毕竟有限，如果天赋不是特别超群，能在三个领域都有所建树，就已经非常了不起了。

3. 用现有资源突破行业壁垒。

每个人的时间、精力有限，如果每个领域都从基础做起，有点不现实。所以，最好可以用同一个本领叩开不同领域的大门。

4. 做想做的事，而不是赚钱的事。

每一个领域的切入都应该是以兴趣为导向，而非以金钱为导向。因为只有自己对这一领域足够有兴趣，才能坚持到收获的那一天。

所谓"专家式"写作指的是什么

有一本书叫作《专业化生存法则》，讲的是这个时代越来越需要专业化。而在任何一个领域，一个人需要成为专家，必须经受 10000 小时的训练法则。

在《技术元素》这本书中，原美国《连线》杂志主编凯文·凯利说过，假如你在某个领域是专家，而你又有 1000 个忠实粉丝，你的任何服务或者产品，他们都无条件地购买，那么你就活得很滋润了。

所以，这个时代，需要"专家式"写作。

我的"情感专家写作"感悟

我从 1999 年开始写作大众期刊稿件，在上百家情感期刊发表过作品，还出版了 14 本情感类图书。作为一个小有名气的情感专家，我经常接到各路媒体的约稿，仅仅是在 2018 年和2019年,我就连续两次获得《婚姻与家庭》杂志颁发的年度优秀作者称号。

我是怎么走上了情感专家的写作道路的呢?

这说起来是受我的一个好朋友——两性专家方刚的影响。那还是1998年,方刚当时就是国内知名的两性纪实写作作家。他出版了30多本书,这些书主要研究的都是两性问题。

我记得1998年的那个暑假,我在北京第一次见到方刚——之前我们通过不少信和电话。在北京安定门的肯德基吃了一顿便饭后,我们就赶到海淀图书城(当时北京海淀图书城还非常有名气)。在他的推荐下,我买下了十几本对我一生影响颇为重要的书,有波伏娃的《第二性》、雪儿·海蒂的《海蒂性学报告》和弗洛伊德的《性学三论》等。

如果说我之前给各种期刊写情感故事,更多的是一种感性的抒发和表达的话,那么这些经典两性书籍,为我研究人类的婚姻情感、性爱等提供了更深厚的理论基础。

从那之后,我就开始如饥似渴地阅读市面上我能找到的各种两性经典书籍,开始思考那些表象的婚姻问题背后,所蕴藏的心理学、社会学等问题。

也是在那之后,我的情感写作,就不只是写情感故事了。我开始输出两性观点,引经据典地写作,以及对热点两性新闻表达自己的看法……渐渐地,我被人称为"情感专家"。

我曾在上百家情感、时尚、生活媒体开辟过情感专栏,这些媒体有：《中国妇女报》《数字商业时代》《看天下》《女人坊》《昕薇》《女友》《男友》《好主妇》《花样年华》《都市主妇》《céci姐妹》《人之初》《新民周刊》《BELLA》《燕赵都市报》《父母必读》和"她生活"等。

另外，我还是荷兰国际广播电台《谈性说爱》栏目专栏作家。

很多媒体都给我开出千字千元的稿酬标准，有的甚至更多。

我开始接到各种演讲、讲座节目的邀约，我是北京交通广播电台《有我陪着你》的嘉宾主持人，北京人民广播电台《今夜私语时》等电台、电视台情感节目的嘉宾主持人。

一时之间，情感专家的身份，让我有了可辨识的写作身份。哪怕后来，我又有了"写作教练"等其他专家身份，但我相信，情感写作专家，依然是最让我受益的。

专家式写作能给你带来什么

你如果有可能，一定要发展成一个专家式写作者。因为这样做的好处，实在太多了。

有一个理论说，未来世界的分工，越来越精细。哪怕是在一个非常微小的领域里，只要一个人能成为这个领域的专家，有工匠精神，他就完全不用担心自己的生存问题。比如：

研究咖啡的专家；

调配红酒的专家；

验房师；

擅长画漫画，甚至只画情感漫画；

……

不管这个领域多么小，只要你做到足够专业，自己的技艺炉火纯青，那么你就是蜂巢一般复杂的社会分工链条中，不可缺少的一环。你在这个领域越专业，越顶尖，那么你越有可能名利双收。

而且，越成为某个领域的专家式写作者，你的差异化竞争优势越明显。

打个比方：

号称在北京编剧就有十几万人。如果你说自己是一个编剧，那光在北京就有十几万人与你竞争。但如果你说自己是一个擅长写女人戏的编剧，而且在女人戏中，最擅长大女主戏的写作；在大女主领域，你又最擅长古代大女主戏的写作，那可能立刻你只需要和十几万编剧大军中的几百人竞争就行。

请问，与十几万人或者几百人竞争，哪样更容易脱颖而出？毫无疑问是后者。

所以，专家式写作能让你的写作之路更容易获得成功。

而且，更重要的是，专家式写作，才能让你的写作之路走得更长久。

有些职业是吃青春饭的，比如模特、部分演员等。但如果你是一个专家化写作者，持续地研究你感兴趣的领域，那么你在市场上，就会变得越来越值钱。

你听说过哪个行业，老专家不是越来越吃香的？

那种经过实践的专业技术和经验的积累，会让你在时间的护城河面前，拥有越来越强的竞争资本。

哪些专家式写作在市场上更容易受到关注

在商业化的写作市场里，你只需要去图书、期刊、新媒体市场上看一看，就会发现，下面这些领域的专家式写作，最容易接到各种写作业务。

情感专家：

我本人就是最好的现身说法的例子。目前国内的情感类期刊有近百种，情感类自媒体更是不计其数。而且情感是人类永恒的困惑，是每一个人最关心的热点话题。所以，如果你对研究男女两性问题感兴趣，那就好好写情感文章吧。

职场专家：

帮助别人解决职场问题，也永远是社会生活中的高频率需求。很多职场专家出书，上节目，开专栏，做知识付费课，比如古典老师的一本书《拆掉思维里的墙》销售量就上百万册。

心理专家：

看看武志红、曾奇峰等人受欢迎的程度，你就知道心理学写作市场有多么火热。当中国人逐渐解决了基本的生存问题，物质需求的满足达到一个新程度后，对于幸福感、心理健康等心理上的追求越来越迫切。而且，社会竞争的加剧，都市的快节奏等，又造成各种严峻的现代人的心理问题，这给心理专家提供了用武之地。

理财专家：

怎么能在专家的指导下，赚到更多钱？怎么让自己的财富增值？怎么培养财商等？这也是所有人永恒的需求。

《富爸爸，穷爸爸》的作者罗伯特·清崎靠这套丛书，成为史上最有影响力的理财专家，创建了庞大的理财教育产业。

至于中国，近些年涌现的理财小魔女、简七等，也都是依靠在理财领域的研究，积累了一大批粉丝。

你可以通过哪些平台输出你的作品

这是一个最好的时代。因为这个时代埋没不了人才，有太多的平台可以输出你的声音，让你的才华被更多人看到。

下面，我们来梳理一下你可以通过哪些平台输出你的声音。

1.微信公众号

这是目前家喻户晓的平台了。微信公众号成就了一大批写作者。如果你爱好写作，开通一个微信公众号，然后持续输出内容，并且懂得新媒体传播规律，粉丝积累到5000后，就可以接广告了。

微信公众号是这个时代写作者的福音，虽然现在已过红利期，但是如果有持续的原创好内容输出的话，依然有弯道超车的机会。

2. 简书

有人说，简书是文艺青年的创作平台。虽然它没有微信公众号的名气大，变现能力也没有微信公众号强，但是特别适合专家式写作者。

据我观察，在简书上有一大批喜欢写电影、读书、美食内容的作家迅速走红。他们通过接受文章打赏，在简书上卖知识付费课程等方式赚取收入。

3. 今日头条

今日头条特别适合刚开始写作的小白写作者。微信公众号如果粉丝不多，文章很难有高的阅读量。但今日头条是开放式阅读平台，利用大数据机器算法推荐文章，即使是刚开始你的粉丝没有多少，但是如果内容写得好的话，一样会得到平台的推荐。

至于如何变现，你可以通过打赏、广告、付费阅读等多种方式来实现。

4. 知乎

我就只要有什么问题，就喜欢去知乎上查查别人是怎么回答的；或者，我也乐意去知乎分享我在一些领域的心得。作为写作者，你可以利用这些回答为自己引流。因为知乎的粉丝黏性可以说是所有平台里面最高的，粉丝质量也很高。

如果你能坚持回答，成为某个领域的专家或者回答被点赞最多的前几名，不愁没收益。

5. 百家号

百家号，即百度对应的媒体平台，非常适合原创写手。在百家号上，至于话题的把握尺度和热度，娱乐、情感、社会等各个话题领域都有所不同。我的观察是，大量营销号在百家号上，背靠百度这个大平台，可以很便利地去分发自己的内容。

百家号的特点是：门槛低，收益高，好操作，好变现。

当然，**需要提醒的是：新媒体写作十分耗费时间和精力，没有长期稳定的内容输出，很难出头。所以，新手写作者一定要珍惜时间和精力，慎重选用写作平台。**你可以先确定写作方向，再根据写作方向选择平台。我个人建议一个人选择的写作平台不宜超过3个。

写作之余,你还要做好健康和心理保障

写作有没有职业病?答案是:一定有的。

神经衰弱,晚上容易失眠,或者即使好不容易睡着,也多梦易醒;容易焦虑,因为每天都在琢磨创作;过于敏感,一个不敏感的人不可能好好创作;作家——坐家,久坐不运动,容易引起身体上的各种亚健康。有些写作者喜欢晚上熬夜写作,而经常熬夜,地球人都知道那些危害有多大。

所以,对于许多写作者来说,最终能够取得成功,才华的高低是一方面,身体健康和精力充沛更是重要。

在《铁齿铜牙纪晓岚》中,纪晓岚说:"我的寿命比敌人强,所以最终我还是赢了他。"

留得青山在,不怕没柴烧。一个写作者不必在乎一时写作短跑的输赢,只要能够持续不断地输出,那么最终总能够取得一定的成就。

我写作了五六年后,有一段时间被严重的精神衰弱所困扰。

我相信许多写作者可能都有过这种体会:因为写作亢奋、用脑过度等,发现该睡觉的时候睡不着觉了。

我知道许知远、严歌苓等许多作家也都曾经被这种神经衰弱所困扰。

神经衰弱造成的一个后遗症是:晚上,脑海里过度兴奋睡不着觉;白天,则神思倦怠,写作一会儿就感觉昏昏欲睡。而且神经衰弱特别容易造成注意力难以集中,所以表面上看睡得少,可用于写作的时间增多了,但实际写作效率并不高。

有一段时间,我被神经衰弱所困扰,每天都面对大量的写作任务,却进展缓慢,感觉非常焦虑。

为了改善这种状况,我除了调整自己规律作息外,也开始加强体育锻炼。

写作者需要坚持体育运动

因为决心为自己的写作打下一个良好的身体基础,我学习村上春树,早起长跑。村上春树每天凌晨四点半开始长跑,我不能像他一样起那么早,但可以坚持做到五六点起床;长跑不了五公里,但可以至少坚持两三公里,跑到微微出汗为止。

这一坚持就是十年。

十年下来,我感觉身上气脉通畅,气力增强,以前的老胃病好了，神经衰弱症状也大大减轻了。最重要的是，许多熟识我的老朋友说，明显感觉我脸色红润，精气神更足了。

除了长跑，我还学会并开始坚持游泳。

有一次我采访作家鲁引弓，他说自己每周除了固定的时间写作以外，也定期去游泳以恢复精力。我采访他时，看他皮肤细嫩，完全不像一个中年男人。他开玩笑说，这恐怕也是坚持游泳锻炼的结果。

而且，游泳还可以缓解焦虑，让人肢体放松后，注意力变得更集中。我经常喜欢一边游泳一边想问题，那些卡壳的问题，特别容易在游泳时迎刃而解。每次游泳后，再次回到桌前开始写作，我发现自己常常文思如泉涌，效率极高。

除了长跑和游泳，在共享单车盛行后，我出门也喜欢尽量选择骑车出行。

我特别喜欢骑自行车，觉得除了能尽一个公民的环保责任以外，最重要的是能锻炼身体，而且为生活增加了骑行乐趣。那种一边骑着自行车，一边在城市里四处"探险"，偶尔停下来，看看路边风景的闲情野趣，是开车或者公共交通所无法体会的。

前段时间，我偶尔看了一下自己共享单车的骑行里程，发现已经骑了三千多公里——几乎相当于北京到广州往返一趟的距离了。

长跑、游泳、骑车，以及不定时去爬山等，运动增强了我的体质，改善了我的身心状况，让我对自己持续写下去充满了信心。

特别是当看到九十多岁的作家徐怀中因为长篇小说《西线无战事》获得茅盾文学奖时，我的敬慕之心油然而生——我多么希望自己也能像徐老师那样，到了八九十岁，还能每天定时坐在桌前写作。

写作者需要调节好自己的心理

有一个写作的朋友告诉我，他长期宅在家写作，写着写着感觉自己越来越抑郁了。

"有时是长期不和人打交道，感觉越来越自闭；有时是被那种写作的焦虑折磨，没有灵感时在屋里来回踱步犹如困兽；有时是因为不断接到退稿通知，怀疑自己是否是吃写作这碗饭的料；还有时是因为很长一段时间没有稿费收入，心理压力很大。"

他说这些话时，满面愁容。

关于写作者的心理状况，知名新媒体平台"编剧帮"曾经就编剧健康情况做过一个问卷调查。问卷聚焦24项问题，有200位编剧参与了调查。结果显示，有84%的编剧熬夜创作，76%的编剧经常透支体力赶工，90.5%的编剧精神压力过大，71%的编剧有强烈的孤独感。可以说，心理问题堪忧。

当然，我也知道许多写作者，将生活安排得非常充实，可以积极调节自己的创作情绪和心理。

记得多年前,我有一次采访作家梁晓声,他说他写作累了,经常喜欢做的事情是做一些类似拖地等简单的家务——通过这样的方式去放松心情。

写过《老炮儿》等知名作品的编剧董润年,经常在朋友圈发一些自己在健身房锻炼的照片。我想,他通过健身这种方式,既能恢复体力,也可以心理减压吧。

写作者最容易出现的心理问题有自闭、焦虑、抑郁和产生挫败感等,我在写作初期也经常有类似问题。

我缓解这些心理问题的方式是:

关于自闭

当我感觉到自己的自闭倾向越来越严重时,我就知道,我需要和人多去接触了。有些单身的写作者,可能因为独居,几天都没有人和自己说说话。这时候,一定要多创造和人交流的机会。

我会设定每天白天专注写作,到了晚饭时出外散散步,或者约上好友聚餐等固定生活习惯。

我也会喜欢去小区的花园里,逗逗邻居的孩子,和花园里的老人聊聊天。

甚至,我会有意识地去咖啡厅写作。置身于咖啡厅喧闹的人群中,你反倒会在写作的封闭要求和世俗的热闹之中,保持一个合适的心理上的安全距离。我知道,很多作家有去咖啡厅写作的习惯。

关于焦虑

写作时产生焦虑心理,是非常正常的心理反应。焦虑有时是源于对自己的不自信,有时是源于完美心理。

我缓解写作焦虑的方式是:

有时,我会觉得不管好不好,先写下来吧。不一定要每次都那么好,灵感也许在写着写着的过程中,自然来了。

产生焦虑的时候,转移自己的注意力。去听听轻音乐,去阳台上远眺;休息一会儿,焦虑就会多少缓解一些了。

观察焦虑的情绪,并且学习和它自然相处。它来了,觉知它,不和它对抗,并不是非要压制它。然后看着它静静地生发,又静静地消失——不断做这样的训练,就会意识到焦虑就是一种情绪。既然是情绪,就会生发,也会消失。

关于抑郁

写作者的抑郁,有时是因为自身敏感所引起,有时也和原生家庭有关系。

敏感导致抑郁的表现之一,就是容易钻牛角尖,夸大自己对外界的反应。比如,明明世界末日并没有来临,但就是容易悲观等。这时候,去学习一些积极心理学知识,用积极的世界观去看待生活,会让抑郁少很多。

抑郁有时和原生家庭有关系。那些有一个孤独不幸的童年的写作者，最容易在写作中去寻求安慰。如果遇到严重的原生家庭导致的抑郁，就要求助心理医生了。

关于挫败感

写作的挫败感，估计所有的写作者都经历过。

各种退稿，写作时"被甲方虐千遍，我还需要强打精神待它如初恋"，虐到极致，深深的挫败感可能会让你有转行的冲动。

我自己处理写作心理挫败感的经验是：

找到欣赏自己的人。世界之大，有各种各样的写作甲方，所以也一定有高度认可和欣赏你的人。因此，找到那个愿意经常鼓励你，保护你的创作热情的合作者。

挫败感来临时，我会做一些标志性的动作——比如像韩剧《加油！金顺》中的金顺一样，面对挫败感时，自我激励：你没有问题，你很棒。

一个写作者，常常闷坐在屋里，独自与自我对话，确实容易有太多的心理问题需要自我克服。在我看来，缓解这些心理问题最重要的前提是：你一定要热爱写作这件事情，而且要深爱。深爱会让你迸发出强大的力量，会让你永不言败。深爱所产生的投入和专注的"心流"，会让你忘记这些写作的烦恼。

那时，当在书桌前结束一天的工作，你会产生一种由衷的感慨：比起写作本身就可以给予我的无限快乐，其他不都是微不足道的吗？

后 记

读完这本书,
相信你和我一样可以通过写作改变命运

写作支撑了我人生最困难的时候

我走上写作之路,首先和自己的天性有关系。

小时候,我就是一个多愁善感的人。父母的婚姻关系不太好,母亲是一个极度充满不安全感的女性。我的生命里,严重遗传了她的这种不安全感。

所以,小时候我就爱读书,爱写作文。记得有一年冬天,父亲和母亲打架,母亲哭了一整夜,我在黑暗中守在她旁边,心里浸染了哀伤。

我为此写了一篇作文,在作文里呼吁父母再也不要打架了。那篇充满伤感的作文被班主任当成范文在班上朗读,那时,我知道了写作能够给予一个人安慰和力量。

我十岁左右的时候,87版《红楼梦》正在央视放映,放映的时候经常万人空巷。我所在的小区几十户人家，只有一户邻居家里有电视。放《红楼梦》时，很多人都围坐在他家电视机前。看到探春远嫁，一首哀怨的《分骨肉》响起时，十岁的我，竟然在人群中哭成了泪人儿。

那是文学的魅力，一种无法阻挡的魅力。

青春期是我生命中最忧郁的日子，看不到前途，迷茫。加上去上大学前的那个暑假，通知书没有来，不确定自己是否能顺利去上大学，所以，有一段时间，我迷上了作家路遥的书，每天没日没夜地读他的书，从中汲取精神力量。

那时，我开始写小说，学习史铁生，学习路遥，学习所有打动我的作家。

让我承受精神灭顶之灾的是，二十岁的时候，生命中的一场突如其来又很快突然夭折的初恋。

那段初恋如同炙热的阳光一般，有半年的时间照亮了我，然后又很快莫名其妙地结束了。然后又有半年的时间，我整夜无法入睡，在校园里游荡，思考爱情和人生的意义。巨大的痛苦几乎击垮了我。

那段时间，我没日没夜地写作。当陷入痛苦中时，我真正理解了托尔斯泰在自己的创作笔记中所说的话，一个人在精神上陷入巨大的苦闷时，有多么渴望写作。

因为，写作让我们在沉重的现实生活之外，建立了一个自己理想的世界。写作让我去反思生活，去追问生活。可以说，写作具有治愈功能，治愈那些灵魂和精神上所承受的痛苦。

我的生命中，如果没有写作的支撑，我怎么能熬过那些心灵的至暗时刻？

感谢写作。

写作改变了我的财务状况

以前有一种论点说，作家的生活应该艰难，作家只有经历过人生的各种困苦和磨炼，才能成为大作家。

持这种论点的一些人，会动不动举例，比如曹雪芹家道中落后写出了《红楼梦》，萧红因为饥饿写出了《生死场》和《呼兰河传》等。

但我想，抛除那些因为命运原因受穷受苦，大概不会有多少写作者，会主动去选择贫穷和凄惨的命运。

贫穷也不应该是作家的标配。在今天这样一个时代，作家完全应该可以凭着手中的笔，过上有尊严的、富贵的生活。

美国作家斯蒂芬·金一生靠写作赚取资产上亿，"哈利·波特之母"J.K.罗琳更是靠写作成为英国仅次于女王的女性富豪，我国的郑渊洁靠写童话数次登顶中国作家富豪排行榜，等等。可以说，作家谈钱，理直气壮。

这也是我最初选择写作之路时的思考："能否既能写得好，同时又能写得畅销，可以通过写作让自己过上体面的生活？"

从 1998 年起，我从一个最初住地下室的北漂，到靠着写作在北京拥有数套房产，实现千万身家。如果不是靠写作，我不知道靠其他途径，我有多大可能在"居，大不易"的京城生存下来。

最开始写作，像很多文学青年一样，我专门给文学期刊写小说。后来当我发现写作不仅仅意味着只能写小说，我还可以写纪实特稿，可以写影视小说，可以给高稿酬的时尚杂志投稿时，我就迅速拓展自己的写作领域，靠着这些写作，成为年入百万一族。

感谢写作，让我在今天，能住在冬天有暖气的房子里；让我有经济能力实现想什么时候出国旅行就出国旅行，想什么时候回家孝敬父母就可以好好孝敬父母的心愿。

而对于许多想写作的朋友来说，即使你不能像我一样，成为一个职业写作者，但学习写作，掌握一些写作技能后，哪怕业余写作，也能获得一笔兼职的收入来改善生活，何乐而不为呢？

写作让我获得了尊重和自由

在今天这样一个时代，你必须承认，会写作的人在哪个单位都容易吃得香。

记得我的第一份工作是在一家民办小报当编辑。

那是 20 世纪 90 年代，小报是一位经营印刷厂的商人开

后 记

办的，靠摘抄各种文章在报摊发行，然后刊登一些医疗广告而盈利。

我去上班的第一天，老板给我开工资每月800元。

我的第一篇文章写出来后，惊动了老板娘和老板。老板娘也是一个文学女青年，她告诉老板，读了我写的一段记述在北京漂泊经历的散文后，感动得流泪，还专门跑到办公室要见见我。

然后，老板很快将我提升为主编，还把我的工资翻了一倍。

这样的经历，在我的职业生涯中屡见不鲜。有时因为将某个明星的采访稿写得好，明星对我刮目相看，不但推荐我给他的朋友，还只要自己有新的作品面世，就叫经纪人指定让我去采访。

因为喜欢写作，我还在协调邻里纠纷上，经常发挥自己的写作长处。有一年，我所居住的小区，物业管理混乱，我和几个业主中的积极分子联合起来，希望成立一个业主委员会来督促物业做出改进。但是，也有不少业主都一副事不关己的模样。为此，我写了一封声情并茂的公开信，发到业主微信群里。结果许多业主看了后，私下里给我留言说，正是被我激情澎湃的文字所感染，才决定站出来加入业主委员会，做一个有公民意识的现代业主。

类似的事情还有很多。

当然，作为一个写作者，最让人心动的其实还是写作可以给一个人真正的自由。

经常听到许多朋友反映，上班太累，不自由，每天早出晚归，辛辛苦苦也挣不了几个钱。

如果我说，我有许多写作的朋友，他们过着这样的生活，你信不信？

他们只需要带着一台电脑，有时在云南，有时在海南，一边旅行一边写作。旅行让他们获得灵感，写作的稿费收入让他们每月有一笔固定收入保障生活无忧。

他们还可以有更多的时间陪伴家人。有的写作者，一边写作一边照顾家庭，陪伴孩子；有的写作者，在父母生病时，可以及时陪伴在旁，同时也不耽搁写作。

这就是写作的好处。当我选择了写作这一行，我常常由衷地感到：写作让我获得了自由，拓展了自己生命的更多可能性；写作让我获得了更多来自他人和社会的尊重，手上的笔有时化为一种沟通工具或者战斗武器，可以帮我解决那么多生活中需要面对的问题。

感谢写作，它改变了我的命运。

现在，我将我的写作经验写下来，与你分享，希望你也因此可以通过写作去改变你的命运。